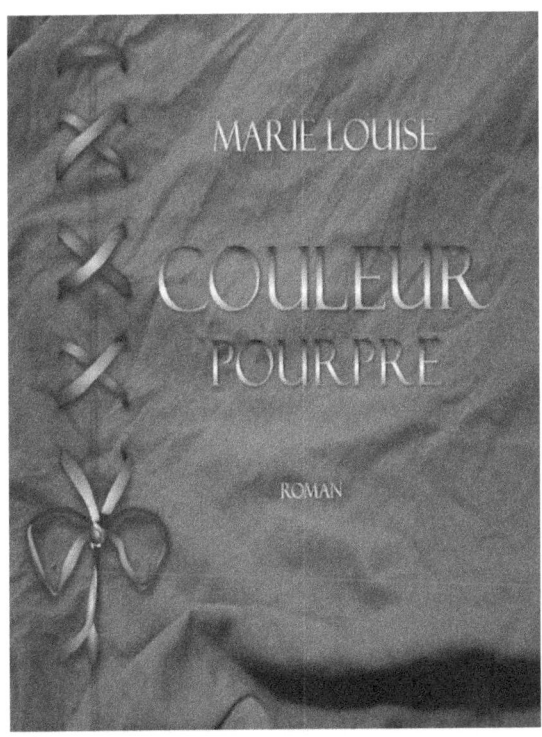

MARIE LOUISE

COULEUR
POURPRE

ROMAN

Marie Louise

Couleur Pourpre

À toute épreuve

roman

...Pour les amoureux des livres.

À toutes les lectrices et tous les lecteurs,

faites de cet ouvrage, une lecture passionnante...

***

... À mon défunt frère Ray.

À mes deux fils,

À mes superbes filles...

***

***

Table des matières

Le temps passe, au fur et à mesure trépasse,

S'effacent les horribles souvenirs qui angoissent.

Les tristes pensées, apprenez à les rejeter,

Ainsi que vos blessures et laissez-les dans le passé.

Petit à petit, les douleurs du cœur s'en vont,

Reprennent goût à la vie, ceux et celles qui resteront,

Un futur propice à un oubli envisagé,

Que le temps cesse ses caprices et vous laisse avancer.

Profitez à bon escient, ces jolis instants présents,

Montrez vos belles dents, restez toujours souriant,

Maintenant que vous avez atteint ou dépassé l'âge,

Pliez bagage et partez pour un autre voyage.

Les traces du passé, derrière vous les laissez,

Au loin à l'horizon, vous les rejoignez,

Le reste de la troupe que vous avez longtemps bercé,

La sentence est levée, maintenant reposez en paix.

À toutes celles et ceux qui ont perdu leur précieux.

Toute ma sympathie.

De Marie Louise

Prologue

Amertume du passé...

Quand le passé refait surface, il est difficile de l'oublier, difficile d'accepter la réalité et aussi difficile que douloureux, de repenser à ce terrible incident survenu tragiquement causant la perte de l'être cher et le regret de ne plus être à ses côtés. Tellement désolée de ne pouvoir remonter le temps pour dévier ce drame funeste. Il est parti, vous laissant seule dans ce désespoir avec un cœur accablé de tristesse.

Damnée celle qui est née la dernière et victime des délires d'une dictatrice dévorée par la culpabilité, pervertie par les démons, vous accusant de toutes les calomnies mensongères, rejetant sur vous la médiocrité de sa vie en rendant la vôtre difficile. Telle est l'adepte de la magie noire, vous jetant une puissante malédiction à laquelle il est impossible de s'y soustraire.

Tout semble si confus, si ambigu. L'atmosphère est pesante et déconcertante. Dès lors vous apercevez, petit à petit, que les liens qui unissaient cette fratrie, se brisent peu à peu. Chaque acte, chaque fait et chaque geste semblent vous trahir. On vous utilise, on vous juge, on vous bouscule et on vous écrase effrontément. La moquerie est de rigueur, la barbarie s'installe et le danger vous guette quotidiennement.

Vous êtes comme une marionnette disloquée, balancée de tous côtés, une proie facile libérant ce trait de caractère fragile qui fait de vous une victime potentiellement ciblée. C'est un cercle vicieux me direz-vous, oui ! Vous êtes sans défense et en dépit de votre faiblesse, vous forgez une armure d'une grande robustesse. Malgré les intempéries, vous continuez à garder le sourire, parfois même, vous éclatez de rire.

La route est longue et sinueuse, il faut prendre conscience et sortir de ce sommeil. Le temps joue contre vous, il n'y a plus une minute à perdre, trouver une solution ou demander de l'aide. Plus facile à dire qu'à faire. Mieux vaut prendre sur soi, endosser, assumer les conséquences. Comme le dit l'adage populaire : *« Le courage n'est pas l'absence de peur mais la capacité de la vaincre »*. Sachez que, si on ne vous tend pas la perche, diantre et au diable la vermine. La culpabilité ne fait pas de vous une misérable, la vie n'est pas une crucifixion, tout au long elle vous façonne, vous grandissez et vous apprenez de vos erreurs. Malgré tout, la plaie reste ouverte et béante.

Cette blessure se refermera-t-elle un jour ? Dieu seul sait, ou du moins, s'il en existe un. Le passé reste au passé, le présent suit son cours et le futur sera votre demain. — Il n'y a ni professeur, ni maître, ni mentor pour vous donner des leçons, sur « comment gérer votre vie », ni de recette miracle « pour devenir un adulte accompli ». Les souvenirs restent, les événements du passé sont gravés à jamais dans votre esprit et continueront à vous hanter jour et nuit. Malgré tout, apprenez à tirer profit de l'enseignement acquis, envers et contre tout, que votre expérience de la vie vaut la récompense garantie de votre sagesse absolue.

« Le temps qui passe finira bien par effacer les traces. »

Chapitre un

Initiation à la vie...

Dès votre naissance, une histoire commence. Le livre est ouvert, tout en haut de la page est écrit votre prénom. En grandissant, vous l'adopterez ou bien vous le haïrez. Encore un heureux événement et le dernier, assurément, pour une mère habituée à l'enfantement. Auparavant, cinq de son défunt mari et deux de son second. Ce fut ainsi, Marie la dernière-née de la famille. L'accomplissement est achevé, une étape franchie, un père comblé, une mère fatiguée, vint le moment de rentrer.

Votre petit nid douillet bien préparé, vous attend pour le baptiser. Deux ans d'écart entre chaque enfant, pas si étonnant pour une mère qui aimait faire la volonté de Vénus. On entend plus que vos gazouillements, vos pleurs, vos cris, le bébé s'est réveillé, donnez-lui son lait. La tribu est aux aguets, le petit bout de chou est vivant et en bonne santé. Être un nourrisson a ses avantages, vous êtes une distraction, un divertissement, le point central de l'occupation. Vos parents vous confient à vos ainés en l'absence d'une matinée.

Le temps passe, vous êtes tel un bourgeon attendant de se transformer ou telle une chrysalide espérant d'émerger. Votre ligne de vie est tracée et tout semble être parfait bien qu'on vous initie à la pratique catholique dès deux ans, et vint le temps du sacrement « le baptême ». Cette cérémonie destinée à vous laver de vos péchés, bien sûr « si telle est leur volonté », vous liant à deux engagés appelés pour vous suivre dans une solennité imposée. Probablement, vous les croiserez sur votre chemin, savoir qui sera le plus dévoué pour vous choyer. L'avenir vous le dira, c'est certain.

Vous êtes la petite marmotte qui grandit lentement mais sûrement. Fini les couches culottes, l'apprentissage est rude mais vous parvenez à vous y habituer. Les années se succèdent, trois ans, quatre ans, cinq ans, vous êtes un enfant sage et en plein épanouissement. Les visages se dessinent, vous portez un regard neuf et émerveillé sur votre environnement. Vous passez le cap de la maternelle à la grande section, aux heures des siestes interminables où les nounous profitant de leur autorité pour donner des coups à ceux ou celles n'ayant pas les yeux fermés.

— Éradiquons cette monstruosité, enfermons ces satanées, l'audace de s'en prendre à ces petits corps fragilisés.

— Vous, les mamans, veillez bien à ce que vos enfants ne soient plus blessés ni victime de cette absurdité.

— Non, effaçons ces mauvaises pensées, peut-être que maintenant c'est fini, l'époque est révolue.

Le temps de la sixième année pointait le bout de son nez, année 1979. Pour la petite, ce fut une nouvelle rentrée. Le cours préparatoire, dans la même école, avec la même enseigne, le début d'une longue et périple scolarité s'annonçait. Entre la lecture de « Daniel et Valérie », l'écriture « l'alphabet en majuscule » et les mathématiques « apprendre à compter », tous les soirs en rentrant à pied, en passant par le petit sentier, avec ses frères et sœur ainés, un petit goûter et prête pour la fessée. Une mère qui ne comprenait pas pourquoi sa fille manifestait tant de préférence pour sa main gauche. Tout le monde à la maison était droitier, exceptée Marie. Elle avait tout essayé, rien à faire, cette enfant s'obstinait à vouloir écrire avec sa petite menotte préférée.

— Prends ton stylo dans ta main droite et fais l'effort d'écrire proprement ! Une mère qui semblait perdre patience, finit par la molester.

Elle n'arrivait plus à voir son cahier tellement les coups étaient exagérés. Cette souffrance l'obligea à déverser son flux torrentiel imbibant son cahier de son liquide adipeux. Pauvre petite, si tel était son fardeau, elle devait le supporter. Ce qui dépassait la mesure normale était son exagération, son outrance, son débordement dans ses propos. Elle l'obligeait à exécuter, selon sa volonté, la bonne manière de procéder, tout en continuant de la brusquer. Faute d'application et de compréhension, afin de montrer qu'elle n'avait rien anticipé, arracha la page de son cahier. Elle finit par abandonner, ne pouvant l'apprivoiser comme les autres, passa le relais à son fils ainé qui vint la sauver et lui arracher des griffes de ce vilain monstre. Il semblait prêter attention aux choses de la vie, gardait toujours une place spéciale dans son cœur pour la famille et n'aimait pas les blesser ou les voir souffrir. Les méthodes que sa mère pratiquait, l'offusquait profondément, il était touché jusqu'au cœur. Souvent il couvrait leurs défauts et trouvait des excuses pour les innocenter. Il prit les rênes et calma ses sanglots, sans trop de difficulté la petite remonta la pente et remporta une victoire en finissant ses devoirs. Dorénavant c'était lui son professeur, la gamine se réjouissait d'avance, pressée de rentrer pour ouvrir son cahier. Maintenant elle se sentait rassurer, le grand frère à ses côtés, personne ne pouvait plus la toucher.

— Hip, hip, hip, hourra ! acclamait la p'tite qui se faisait délibérément tabasser.

Elle courait dans tous les sens sans retenue, comme une petite folle, savoir que son frère la protégeait, la rendait heureuse. La vie devenait plus cool, plus simple et plus tranquille, même si les autres recevaient leur lot de châtiments pour une ou deux bêtises loin d'être alarmantes. Des coups de ceinturon qui débarquaient sans appel et tout le monde en payait le prix, sauf Marie. Les coups pleuvaient, sa mère abusait. Quand elle frappait, c'était ahurissant, désolant et triste en même temps. Elle se servait adéquatement de la colère pour les massacrer et l'exprimait avec toute son intensité. Quelle humiliation ! Recevoir des coups et hurler comme des chiens battus était une insulte qui portait atteinte à leur réputation et à leurs petites personnes sans défense dont les enfants aux alentours se moquaient insatiablement. Malheureusement, l'aîné s'était absenté et n'était pas là pour les sauver, ils optèrent pour un plan « B ». Éreintés, les enfants prirent la fuite et allèrent se camoufler chez les bons voisins d'à côté, Monsieur et Madame Gabardin, le temps que le « yéti » se radoucit et oublie les petits ennuis. Pas la peine de leur courir après. Les ainés rentraient avant la nuit tombée, apeurés, sagement accompagnés des âgés. Il fallait absolument se faire pardonner et le mal était vite oublié.

— Allez, dormez bien. Demain si vous ravagez comme aujourd'hui, vous savez ce qui vous attend ! Maman yéti expédia ses petits au lit en leur souhaitant bonne nuit.

Ce n'était pas « Le massacre de la Saint-Barthélemy » ni « l'apocalypse now » détrompez-vous. La vie avait son lot de consolation. Elle savait faire plaisir à son petit monde quand il fallait. Religieuse dans l'âme, elle accordait de l'importance aux messes, à la fête et aux traditions. Elle savait gérer, coordonner et organiser pour de nombreuses occasions. Ses hôtes étaient accueillis chaleureusement. D'ailleurs tout le voisinage prêtait main forte pour les grandes célébrations. On l'appréciait énormément malgré sa sévérité envers ses enfants. C'était la grande couturière du village, son travail était remarqué car les commérages se faisaient naturellement. Pas besoin de publicités pour attirer les dindons dans son filet. De bouche à oreille, les commandes venaient des proximités et sa spécialité était les robes de mariées. Elle n'arrêtait pas de travailler, constamment elle faisait tourner sa précieuse manivelle, revêtue d'un noir brillant, aux bordures argentées et aux motifs dorés. Personne n'étendrait le bras pour titiller la bête et n'oserait la casser. Avant tout, elle prenait soin de ce magnifique joujou et c'était son gagne-pain journalier. Elle considérait que la vie était dure et ne tolérait pas le gaspillage de la nourriture. À nouveau, elle leur abreuvait de ses propos futiles et les exprima qu'une seule fois en insistant sur ses mots :

— Ce repas qui vous a été donné, est un bien précieux. Alors soit vous le finissez ou soit je vous force à le finir, COMPRIS ! Sa voix portait et les frappait de frayeur.

— OUI MAMAN ! Disaient les enfants, tous en chœur, ses petits terrifiés, restant bouche bée, se gardaient de l'énerver, autant ne pas attiser le feu.

La flamme qui semble éteint dort souvent sous la cendre. Qui s'y frotte, s'y brûle…

Il valait mieux laisser le volcan ensommeillé. Personnellement Marie était comblée, au côté de son grand *« dada Simon »*. C'était comme ça qu'elle l'appelait et c'était comme ça qu'elle le définissait, le plus fort et le plus courageux pour défier l'adversité. Malgré tout le respect qu'il avait pour sa mère bien-aimée, il protégeait pour la énième fois ses frères et sœur cadets quand la situation devenait désespérée. C'était héroïque, fabuleux et majestueux, belle figure et noble au cœur, par excellence, comme si son appartenance se définissait par une royauté divine. Mais depuis qu'il avait repris son travail de mécanicien, Marie devait se faire toute petite comme une souris, attendre le retour de son grand *« dada »* adoré. Plus besoin d'avoir des râclées maintenant qu'elle était devenue une élève douée grâce à son coach préféré, si bien que l'absence de son père n'affectât pas son moral.

Un père dont la présence se faisait rare à la maison. Il travaillait dur sur un gros chantier jusqu'à très tard dans la soirée et n'avait plus le temps de rentrer. Quand il trouva enfin une opportunité, il dorlota son foyer :

— Enfilez vos maillots et bikinis, on part à la plage aujourd'hui !

Le top chrono était lancé. L'agitation atteignait son paroxysme, tel un troupeau d'éléphants piétinant le sol pour le prochain point d'eau. C'était l'effervescence totale et le vacarme assourdissant. La maison se remplissait de bruits d'enfants, heureux et contents de quitter un moment ce lieu.

Tout ce petit monde s'embarquait dans la camionnette bâchée, bien entendu le paysage était masqué, on pouvait juste voir la ribambelle de voitures qui se suivaient à la queue leu leu. Évidemment, ce changement leur plaisait et rien ne pouvait arrêter leur élan.

Le pire des risques est de ne pas se faire prendre…

En connaissant toutes les conséquences, les grands restaient derrières et la petite devant. Il fallait tout simplement éviter les désagréments. Bien entendu, le risque était assurément grand, pas d'attache pour sa sécurité et obligé de la dissimuler quand les flics circulaient. Ce n'était pas amusant de se faire trimballer comme un gros paquet, pas de vue sur le trajet, heureusement qu'il y avait une arrivée.

Cette magnifique matinée offrait une vue imprenable sur l'horizon, une mer agréable, calme et scintillante, les nuages se dissipaient laissant place à ce ciel spectaculairement azuré. La baignade était sans danger à tel point que leur mère trempa ses pieds gonflés dans cette eau salée.

— Allez venez, venez les enfants, profiter de cette eau tant qu'elle est tiède.

La mère semblait heureuse et décontractée. Enfin, elle sortait de cette routine habituelle, oppressée par le travail quotidien, elle savourait ce moment, ce présent et appréciait l'horizon qui paraissait comme un trait de scie flouté. Les rayons du soleil lui donnaient un brillant intense aux yeux et les éblouissait un tant soit peu, adoptant au visage un rictus grimaçant. Marie pensait qu'elle souriait et la voir dans cette forme olympique la rendait joyeuse. Les ainés, quant à eux, avaient toute la possibilité de jouer comme ils voulaient dans l'eau. Inutile de nier quand ces mômes s'excitaient, les batailles dégénéraient, Marie les imitait. Même si certains avaient dépassé l'âge pour ces enfantillages, ils restaient quand même des énergumènes ravagés. Entre temps, leur mère ramassait toutes sortes de coquillages, sûrement pour garder le bon souvenir de cette excursion partagée. Pelles et seaux en main, ils s'empressèrent de construire, à leur guise, de beaux châteaux. Celui de Maëlle ressemblait davantage à un gros pâté aussi disgracieux, ventru et difforme comparable à une crème chantilly suintant de ses extrémités par sa proportion exagérée. Jamil prenait tout son temps. Il faisait des ronds, des carrés, des triangles. Apparemment il semblait s'amuser même si ses créations ne convenaient pas au thème prévu. Jérémy et Deck s'appliquaient avec précision pour concevoir une construction spectaculairement grandiose. C'était la plus belle des forteresses, avec un édifice épais adoptant de chaque côté quatre tours cylindriques, entourée par un grand fossé rempli d'eau, terminé par un pont qui l'enjambait. Marie, quant à elle, ne savait pas en faire, elle avait de toutes petites mains et puis elle n'en avait pas besoin. Elle détestait son aspect granuleux, cette texture qui ne l'amusait pas beaucoup, manifestant sa répugnance par une vilaine grimace :

— Beurk ! C'est dégoûtant ! Disait-elle en zozotant, tout en faisant couler une poignée de sable entre ses doigts.

Elle préférait taper du pied dans l'eau et marcher dans le sable mouillé pour faire de grosses pattes d'éléphant et cet instant la divertissait. La courbe arrondie de son ventre épousait son petit maillot de bain une pièce. Sous sa crinière d'ébène se dessinait un petit visage d'ange tout arrondi. La chance qu'elle ait eue, d'avoir de si jolis petits yeux, d'un beau marron pailleté de gris et des joues toutes joufflues, tout était parfait.

Tout début est important et l'important c'est de vivre l'essentiel et chacun a son essentiel...

Et ce fut le cas pour cette mi-journée si plaisant qu'aucun enfant aurait renoncé. Une récré survoltée rendant ces petits affamés, il était l'heure de manger. Et puis quelques ventres grognaient suffisamment et ne demandait qu'à être assouvis pleinement. Aussitôt, la petite troupe se rendit à la douche publique avant de s'attabler.

À leur grande surprise, il y avait de quoi se régaler, cette gourmandise unique valait la peine qu'on l'apprécie avec de grands yeux avant d'être ingurgiter. La grande table était remplie à souhait, ils ne pouvaient s'imaginer une si grande quantité pour satisfaire leurs petites brioches. Pleins de mets délicieux étaient mis côte à côte sur la nappe brodée que leur mère avait précautionneusement confectionnée. Manifestement, la distribution des places se faisait tour à tour, les enfants n'avaient qu'une chose à faire, tout simplement se taire et s'asseoir à l'endroit indiqué. Une matriarche qui tenait absolument que ses petits soient disposés dans un ordre précis. Le père, lui, ne disait rien, ne faisant qu'observer, attendant que tout le monde fût installé et avec contentement, leur souhaita un « *bon appétit* ». Que voulez-vous, on ne change pas les vieilles habitudes, même si derrière les peurs presque enfantines se cachait une croyance, une mère reste une mère et l'habitude d'une mère ne peut être désapprouver ni contester.

Au fur et à mesure, l'endroit se remplissait, une foule arrivait, prenait leurs aises, glacière et boissons à gogo, le tout paré pour « *une pique-nique party* » et ne se gênait pas pour faire quelques photos avant d'avaler un bout de fromage et des rondelles de saucisson. La mer avait cette odeur particulière qui montait au nez sans trop suffoquer, avec cette petite brise fraîche qui venait tendrement décoiffer la crinière. C'était l'instant magique, le bonheur d'une grande famille autour d'une table bien garnie. Dommage que son grand « dada Simon » n'était pas avec eux, il avait en permanence le nez dans les moteurs et les mains dans le cambouis, dans ce vieux garage pourri. Il ne s'accordait aucune délivrance et puis ce n'était pas son favori les sorties en famille. « *Le travail, il n'y a que ça de vrai* disait-il, *seul l'esprit peut adhérer et donner un sens à la vie.* »

Dans un climat de sérénité et de total accomplissement pour les bides bien remplis, ce solide repas prit fin. Après tout, cette voracité semblait être la revanche des jours d'avant, une pause était bien appréciée à sa juste valeur.

Comme à l'accoutumée, les enfants s'exécutaient à la tâche et tout le monde y mettait du sien pour maintenir la propreté du petit coin, une étape peu préoccupante et peu contraignante pour les plus paresseux, cette activité en plein air restait un moment délicieux.

Le voyage vers la détente avait commencé, le père se cala sur sa fréquence radio préférée, Les ainés s'attaquaient aux jeux de société, en ajustant à leurs corps fluets, une posture qui convenait sur ce tapis de sol et leur mère lisait les magazines de voyage tout en se régalant de cette magnifique journée. Marie profitait de ce beau paysage pour mettre toutes ces couleurs sur du papier, en les faisant danser sur les lignes qu'elle traçait. Elle ne put dominer sa fatigue et piquât du nez dans les minutes qui suivirent sa chute comme un petit oiseau, en vol piqué, visant le sol pour atterrir à l'endroit souhaité. Contrairement, elle descendait différemment pour un court instant dans un univers joyeux et onirique. La voyant ainsi tomber, la tête la première, sa mère l'installa sur le tapis en patchwork coloré, agrémenté, tout autour, de petites perles modelées en pâte polymère. Il est vrai qu'elle a su déguster pleinement cette belle matinée avec un enthousiasme excessif et débordant de joie et d'admiration. L'air était tiède cette après-midi et la petite brise semblait faire son effet. Des souffles légers passaient dans les filaos profitant de cette aubaine pour disséminer leurs quelques graines. Certaines, par éclaboussure, iront coloniser les recoins de ce milieu et permettra au cycle de la vie, une perpétuelle renaissance. La mer était trop calme et ne permettait pas aux surfeurs de décoller de la vague, juste des canoés kayaks qui flottaient gentiment. Les enfants étaient tout excités et prêts à se relancer dans une nouvelle séquence et repartir à la conquête de l'eau, un départ qui n'attendait que le feu vert de leur mère :

— Vous pouvez y aller maintenant, et faites attention où vous mettez les pieds ! Une recommandation sagement donnée avec prudence.

Des étourdis qui ne pensaient qu'à se divertir sans regarder où ils allaient. Vive la vie au pas de course, c'est à la fois amusant, agréable et vivifiant mais, ma foi, leur réservait une petite contrariété.

— Oui, m'man ! répondirent les enfants. Au galop, ils coururent...Oups !

Le moment était mal choisi pour interrompre cet instant de béatitude, leur mère tirait profit de cette vue magnifique, le père la prenait en photo avec cet arrière-plan vivement coloré. Cette maladresse, ce manque d'attention affecta le petit Jamil et ce par défaut, il s'était pris des épines d'oursin dans le pied. Son cri d'agonie alerta sa mère qui aussitôt était à son chevet, attendant la trousse à pharmacie que le père alla récupérer et pris soin d'enlever délicatement tous les piquants.

— Ce n'est pas bien grave ! disait la mère, s'appliquant à ne point leur montrer trop d'inquiétude, notamment se concentra sur la partie touchée.

En retirant ces épines du talon, en ajoutant de la pommade et un petit pansement, l'affaire était réglée. Par chance, l'oursin n'était pas venimeux, plus de peur que de mal et sans y remédier, plus tard, il oubliera ce petit contretemps. Heureux pour lui que ce jour tombe un samedi, son bobo avait le temps de guérir, encore fallait-il qu'il ne fasse pas le casse-cou avant lundi. Sa mère calma ses sanglots avec une petite sucrerie. Mais interdiction pour lui de rester sur le rivage, c'était sa dernière tournée. Le pauvre, lui qui était tout enthousiasmé de finir sa journée en beauté. Au fil des heures, la marée montait, le reste des enfants continuèrent à jouer tranquillement sur le sable jusqu'au moment de s'en aller.

— Il est l'heure de rentrer les enfants ! criait le père en agitant son bras pour les appeler.

L'extrême agréabilité du sommeil et le plaisir de ronfler était fini. Marie était sur pied, les cheveux en bataille, fraichement debout pour son quatre-heures. La petite troupe prit leur dernier en-cas avant de monter à bord de la 404 Peugeot. Il pouvait donc garder en souvenir ce jour heureux, une journée à marquer d'une pierre blanche et en attendant les prochaines virées, le retour à la réalité s'annonçait sans difficulté. Vers le milieu du trajet, la camionnette frayait douloureusement sa voie, perdait en assurance, tressaillait vivement sous l'effet des secousses, se dandinait le croupion, à droite puis à gauche, la petite devenait toute pâle, transpirant abondamment, chaque gouttelette représentait le degré de l'évacuation. C'était le début d'un cauchemar éprouvant. Marie n'avait qu'une seule envie, vomir. L'alerte fut donnée, à tout prix arrêter la carrosserie pour la dégager. Illico presto, l'impressionnant jet éclaboussa sur le pavé, quelques larmes baignèrent ses petites sandales tressées. Le temps nécessaire à son estomac de digérer cette part de gâteau au chocolat, n'était pas respecté. Des parents qui ne pensaient qu'à prendre la fuite avant la descente nocturne.

— La petite n'a pas eu le temps de digérer son goûter, on est parti trop vite ! Monsieur, excusez Madame, elle ne savait pas que son enfant jouissait de ce mal inopiné et que le mérite d'une pause devait être accordé.

Comme si c'était un pur hasard, elle faisait semblant d'être surprise et n'arrêtait pas de dire qu'elle ressentait cet imprévu. Il faut bien l'avouer, du moins à en juger par la tournure de la phrase, c'était la pire bêtise jamais entendue.

En tout cas, ses ainés se divertissaient du spectacle, accentuant sensiblement leurs rires moqueurs et s'accordaient ouvertement aux bavardages ridicules. Un gros coup donné sur la tôle les calma très vite, le bruit s'estompa, aussitôt la ruée vers la causette s'arrêta nettement. Elle remerciait infiniment son dieu par toutes les grâces, ce don octroyé, à discerner ce qui est bon ou mauvais, ce gain divin et béni voire plus encore ce sixième sens. Ce ressenti s'avérait peut-être révélatrice, mais ne l'aidait pas à arrêter le diable. Mettre à sa portée une grande bouteille d'eau ne signifiait certainement pas qu'elle mît ce danger hors d'état de nuire et remportât une quelconque victoire.

— Pas la peine que je m'attarde sur le nettoyage. Sitôt arrivée, tu prendras un bon bain. Je mets juste un petit peu sur les pieds et le visage. Il n'est pas nécessaire de pleurer, rinces-toi le gosier. Marie obéit et la camionnette put repartir.

Le père donna un grand coup d'accélérateur, appuya sur le champignon, monta à la vitesse autorisée sans trop brusquer la petite fatiguée. Le véhicule s'engouffra dans la grande allée terreuse, les voisins les plus proches sortirent de chez eux pour saluer chaleureusement la petite troupe qui arrivait. La mère fit un mouvement de la main hautement distingué pour acquiescer. Elle aimait exécutait ce geste épique et royal à chaque fois qu'elle faisait son entrée, d'une manière orgueilleuse montrait son importance aux gens qui épiaient. En tout cas, rien n'était plus propice à la pensée lucide qu'une belle vue. Au fond, « *impasse Marie de Madelaine* », se dressait une grande bâtisse, plantée comme un piquet, bâtie sur une fondation solide et saine, garnie de tôles blanches ondulées, au toit de couleur vitaminée, adoptant uniquement les volets et les portes battants en bois traité. Un lambrequin en zinc, aux motifs traditionnels, fixé en bordure du toit la rendait sympathique, une vue d'ensemble très appréciable pour prendre quelques clichés.

Le plus grand descendit du véhicule, atteignit le grand portail ouvrant ainsi le passage pour accéder au garage, donnant sur une petite cour ornée de jardinières murales, s'associant à un mur végétal aspirant à la sérénité et à la fraîcheur des hauts. En contrebas, on apercevait le lavoir, composé d'un bac alimenté en eau et d'une roche à laver inclinée. De petites bassines étaient disposées sur de simples étagères servant de contenants aux linges savonnés. Un cabanon monté en plaque ondulée, attenant au lavoir, faisait office de cuisine. Restant dans la pure des traditions, le repas se préparaient au feu de bois. En descendant quelques marches en béton, un solide pavillon se tenait immobile tout au fond, le petit coin privé qui ne manquât pas d'être utilisé. Situé à quelques pas sur la gauche, le grand potager, que la mère cultivait avec soin. Un choix de plantes potagères, qu'elle adaptait à ce milieu, pouvant nourrir la famille toute une année. On peut dire qu'elle avait la main verte et ses produits donnaient du bon grain. Le tout s'associant à quelques arbres fruitiers qui venaient clôturés la périphérie, le pamplemoussier, le figuier, le manguier, le jacquier, le litchi, et le longanier. Un bel héritage que sa vieille mère lui avait légué avant de succomber.

Au sein de la famille, l'enfant apprend à vivre avec des êtres qui ne le comprennent pas...

Encore heureux que les voisins étaient distancés, un gros boucan envahissait le foyer, les·enfants paraissaient se soucier fort peu de leur entourage. Marie détestait quand sa mère lui donnait son bain. À chaque fois l'histoire se répétait et se déroulait comme une farce. Sa mère détestait cette odieuse plaisanterie qui faisait néanmoins rire toute l'assemblée. Marie faisait le pâté de la maison, toute nue en courant, avant que sa mère l'attrapât et lui flanquât une belle fessée pour corriger sa mauvaise conduite. Certainement qu'elle déversait toutes ses larmes la petite, les grosses claques secouaient les fesses et brûlaient la peau, elle criait, se débattait de toute ses forces. La mère harponner sa proie frénétiquement, continuait de la maintenir fortement en la savonnant de la tête aux pieds, de l'écume glissait sur son visage jusqu'à pénétrer dans ses petits yeux qui lui piquaient bigrement et parfois même, inconsciemment, elle avalait quelques bulles et toussait. Elle méritait ce bon rinçage à l'eau froide, pour calmer cette ardeur et cette exaltation extrême. Toute cette eau ruisselait sur son épaisse chevelure bouclée, descendait sur sa peau lisse et bronzée, continuellement, elle s'essuyait désespérément sa bouille avec ses petites mains pour dégager tout ce liquide, enfin c'était fini. Chacun son tour y passait et toujours dans le même ordre, du plus petit au plus grand. Ils étaient d'autant plus autonomes pour prendre seul leur bain et puis à force de prendre de l'âge la honte grandissait, ils se gardaient bien de montrer leur nudité. Alors leur mère attendait, imposait la petite inspection tous les soirs, sinon retour à la case départ. Les enfants savaient qu'elle était capable d'une telle punition alors ils faisaient les choses correctement. Le soleil se couchait lentement. Avant l'arrivée du crépuscule, la petite troupe s'installa au chaud dans la maison. La mère, Liliane, pansait soigneusement la blessure du petit Jamil, un peu patraque, certainement par le coup de soleil reçu sur la tête. Éventuellement, elle lui donna une petite aspirine pour le remettre sur pied, demain il aura vite oublié. Le père, Loïc, leur préparait à manger sur une flambée de bûches de tamarinier. De fines trainées blanchâtres s'échappaient de la cheminée, s'évaporant à l'air libre, s'accompagnant au flux du vent et berçaient les regards émerveillés. Dans toute son intensité, ils savouraient ce moment plaisant, leur transportant au-delà de leur imagination, aussi fascinant qu'un spectacle de clown. Cette ambiance pure et apaisante amenait leurs esprits au calme et se traduisait par une tranquillité sereine. *« Pas de télé avant le repas du soir »*, tels étaient les mots qu'elle affirmait sèchement. Ils restaient lier à cet excès de pouvoir, à cette attitude dominatrice et à être domptés jusqu'à l'obéissance, les règles restaient les mêmes. Une loi matriarcale imposée et elle se permettait, de manière indiscutable, de tout contrôler. Un concept qui ne pouvait être éradiqué ni supprimé dans sa totalité. Les enfants étaient habitués à cette mode de vie strictement soumise, car leur triste existence ne dépendait que de cette impérative.

Ils pourraient passer des heures à contempler ce lieu, à se laisser aller à l'oisiveté, à l'inaction dans cette atmosphère « peace and love ». Prisonniers de ce confort intérieur, leurs yeux observaient, assimilaient le moindre détail, fuyaient sur les murs tapissés de lattes en bois clair, vernis avec soin, apportant une belle luminosité à cet espace trop sombre, des couleurs qui respectaient le contraste et suffisaient pour satisfaire le contenu. Le sol en béton ciré rouge, sublimait par son éclat, son intensité, sa brillance, jouait de ses effets de matière et invitait les ombres à faire miroiter leurs véritables reflets. De jolis fauteuils en cuir habillaient parfaitement le coin du salon, accompagnée d'une petite table basse en bois massif, s'accommodant à cette suite typique et locale, une grande table vitrée, s'associant à la volumétrie de ces chaises longues à dossier large dotées d'assises arrondies, garnies de tissu blanc, travaillées à l'ancienne avec des motifs à la fois gais et impressionnants. Un grand vaisselier en bois exotique, un meuble de qualité, prenait en grande partie la largeur du mur du fond et le tout épicé de quelqu'accessoires de couleurs vives, instaurant une atmosphère chaleureuse. Ces fabuleux prestiges trônaient dans la grande pièce principale, donnant sur deux entrées par deux escaliers en béton gris foncé. La chambre du milieu, la suite parentale, la pièce centrale qui maintenait tout le plafond, conférait à son originalité des teintes très variées. La maison se terminait par trois chambres spacieuses, une pièce d'ami accueillante aménagée avec tout le confort répondant aux besoins de l'hôte et deux autres avoisinantes séparées par une large porte vitrée, ressemblant à des dortoirs pour filles et garçons.

Le dîner fut achevé, bien avant la séance ciné, des convives suffisamment repus ne demandant qu'à se convertir en spectateurs, branché le cerveau en mode végétatif et attendre que les images se défilent. Comme promis, le moment de s'extasier devant cette modeste télévision des années soixante-dix était arrivé, alimentée par une batterie, posée élégamment dans le coin du salon sur un solide guéridon. Une technologie peu fiable et incertaine comblant les regards des occupants qui semblaient effectivement apprécier ces images en noir et blanc à travers ce bidule démodé. Une des comédies américaines de « Charlie Chaplin » passait sur le canal le plus populaire. Cette soirée s'annonçait positivement intéressante par les rires de chacun qui se mélangeaient harmonieusement, exprimant ainsi un engouement presque chantant, dévoilant le grand plaisir d'un divertissement amusant. À mesure que les heures passaient, la fatigue gagnait du terrain et les paupières s'alourdissant au gré de leurs efforts, les fenêtres mi-closes continuellement résistaient.

À peine les têtes posées sur les oreillers, ils s'endormirent profondément. Le silence planait dans toute la maison comme un fantôme à la recherche de son âme égarée.

Une maman c'est celle qui gronde mais qui ne pardonne pas tout le temps...

Encore ce cauchemar qui surgissait presque tous les soirs. De grosses gouttes se formaient sur son front et descendaient le long de son petit visage venant baigner son oreiller. Marie sentait des petites mains parcourir son petit corps, se promenant impudemment et se hasardant malicieusement dans les coins les plus sensibles, et puis plus rien. D'habitude, elle resta là, sans bouger, entortillée comme un saucisson dans son édredon, allongée toute raide attendant, le cœur tout en palpitation, le prochain sommeil. Mais cette fois, la situation l'effraya, elle sursauta dans cette obscurité, prit peur et se retrouva dans le lit de ses parents jusqu'au petit matin. Elle partageait la chambre avec sa demi-sœur ainée. Est-il possible qu'elle ait eu des moments d'égarement durant ces quelques nuits ? Une blague qu'elle aimait faire presque tous les soirs. Peut-être que Marie ronflait et c'était embêtant, qui sait. Où, semblait-elle être envoutée par ce vice qui la démangeait ? Parfois, elle avait ce regard plein de malices, d'un air farceur, l'adepte des cachoteries et plaisanteries veillait, Marie avait peur. C'est à se demander si la nénène n'était pas un peu marteau, nul ne le saura.

Un lendemain qui lui valut une bonne engueulade, réveillant toute la maison. Dormir dans le lit de ses parents à son âge, était inadmissible. Marie essayant d'expliquer son cauchemar, tout en pleurs, bafouillant et mâchant ces mots, terrifiée à l'idée que ce songe effrayant se reproduisait. Sa mère ne l'écoutait pas, son acte n'était pas justifié. Si elle voulait se faire pardonner, il ne fallait plus recommencer. Alors elle finit par se calmer et continua sa matinée tranquillement dans son coin. Ce gros vrombissement tressaillit son petit cœur, fit un bond en avant et guetta l'arrivée de son dada Simon. Enfin, il était rentré à la maison. Elle courut à sa rencontre et sauta dans ses bras, le serra jusqu'à l'asphyxie, l'embrassa plus d'une fois. Ce moment qu'elle attendait patiemment, arriva. Elle adorait tellement ce grand « dada ». Elle se détacha brusquement de sa proie et l'accompagna jusqu'à la demeure. Un fils qui ne manquait probablement pas à une mère, non pas que le dialogue était au point mort, loin de là, elle avait toujours le nez dans ses affaires et ne se préoccupait pas de son arrivée. Il fallait juste appliquer quelques mots pour confirmer son arrivée. — Bonjour 'man, comment ça va ? — Bien et toi, fils ? — Elle était trop préoccupée par son travail qui ne demandait qu'à être fini, c'était compréhensible. « *L'argent ne tombe pas du ciel* » et il fallait bosser dure pour gagner sa croûte. Et puis, pas la peine de lever la tête pour apercevoir que son garçon était rentré, elle ressentait sa présence et cela lui convenait. Le harceler de questions ou s'immiscer dans sa vie privée, n'était pas sa façon de procéder à part si un problème survenait, elle écoutait et essayait de trouver une solution. Apparemment, Simon n'en avait jamais, il était toujours de bonne humeur.

— Il sait garder la tête sur les épaules, c'est un bel homme aujourd'hui, responsable et remarquable, quoi dire de plus. Une mère qui ne s'inquiétait guère.

C'est vrai qu'il était beau garçon, évidemment que les filles craquaient. Le teint hâlé, le visage mince et efféminé, les cheveux longs et ondulés, noirs comme le jais, un corps svelte et gracieux. Enfin, c'était Marie qui profitait. Elle exprimait sa joie et laissait couler à flots sa douce mélodie. Tant qu'il demeurait à la maison, elle restait agripper à lui et savourait ce moment présent.

Ce lien affectif qui s'établissait entre le fils et la mère semblait réconfortant. Ils parlaient de tout et de rien, un échange sans prise de tête et tout allait pour le mieux. Le beau-père écoutait, se mêlant parfois à la conversation, des rires et des fous rires résonnaient dans toute la pièce. Simon était enchanté par ces retrouvailles et soulagé de voir qu'ils se portaient bien.

Il prit la décision de rester un moment chez ses parents et se délectait, à l'avance, d'une pause bien méritée. De pénibles tâches qu'il fournissait toute l'année, provoquant ainsi une grosse fatigue et ce manque de repos finit par le pousser à prendre congé. Il avait pris la bonne décision et une bonne résolution pour sa santé. Le temps de se ressourcer chez la grande famille, il repartait du bon pied. Il avait une longueur d'avance sur son boulot et puis, Marie lui manquait trop. Bien sûr les autres aussi, mais comme c'était la dernière, elle méritait tout l'amour d'un grand frère. Le respect qu'il avait pour la petite était plus que précieux, bien que cela semble prouver le contraire et le marquer, à son insu, d'un titre disgracieux.

À deux heures de l'après-midi, en pleine saison brûlante, sous une température de trente-trois degrés à l'ombre, la chaleur dominait. Pas le moindre alizé à l'horizon, ni la moindre petite brise pour rafraîchir les petites têtes. D'habitude on entendait, balancées au gré du vent, les quelques arbres et hautes herbes, laissant derrière eux un chant mélodieux. Impossible de rester sous ce soleil de plomb, les pieds brûlaient sur ce sol ardent. La maison se situait en pleine campagne, retirée de la grande ville, quelques petites épiceries installées à un carrefour, détachées à des vieilles bâtisses créoles, avec un climat aussi capricieux qu'un enfant gâté. Il faisait bon à l'intérieur, un peu d'air frais passait par les portes grandes ouvertes. Dehors des éclats de lumière reflétaient par endroits, le scintillement éblouissait les yeux.

— Mon dieu, il fait tellement chaud, à mon avis une grosse tempête s'annonce pour bientôt, en attendant qui veut jouer au Bingo ? Puisque que Simon est là, régalons-nous de cet instant ! L'art et la manière pour une mère d'accueillir le grand frère au foyer.

Oui, sa maman disait vrai, cette petite détente faisait du bien, qui plus est, si rare, qu'il ne fallait rien rater sur le moment, tout prendre et apprécier sur l'instant présent. Chacun occupa une place, s'installa confortablement, les jetons et les cartons en main, attendant le tirage avec entrain.

Le passe-temps préféré des Hacquett, longtemps oublié dans son « coffret vintage », verni intérieur et extérieur, un bijou patrimonial conservé intact, faisant remonter le bon souvenir d'antan. Il tenait la vedette, son public le sollicitait. La petite foule en pleine ébullition réclamait les numéros avec excitation. La mise était faite et la partie pouvait commencer. Quelques petites pièces en cuivre trônaient sur la table en guise de récompense. CHUT ! Tout à coup le silence. Le numéro 47 sortit le premier, puis vint le numéro 34, suivi du 13, une succession de nombres apparaissaient et personne ne réagissait, la tête penchée attendant impatiemment leurs numéros gagnants. La mère s'arrêta un instant et dit ceci :

— Alors qui a obtenu une belle brochette ? Épinglant son regard sur son invité, qui lui-même demeura un instant perdu dans ses pensées, simulant rapidement un haussement d'épaule comme pour dire :

— Voyez mère, si vous n'êtes point idiote, personne ne réclame son dû alors continuer donc je vous prie ! Telle était la manière fictive et audacieuse de riposter. Mais il n'était pas si effronté, étant trop bien élevé, il fit juste un balancement de tête pour acquiescer un « non ». Sans pour autant accorder de l'attention aux autres, toute fière, elle reprit avec amusement :

— Continuons dans ce cas ! Les oreilles restaient attentives aux numéros proposés attendant de déposer le dernier pion à la rangée gagnante. Après quelques minutes de jeu, Simon réclama sa part :

— BINGO, par ici la monnaie ! Suivi d'un petit ricanement malicieux. Par chance, il rafla une partie de la mise, ma foi, qui semblait bien maigre pour offrir un présent à sa préférée.

Le carton plein restait la partie la plus ultime et démoralisante. Attentifs, ils guettaient vaillamment la dernière tournée, un tirage qui semblait à n'en plus finir. Il y avait comme une malice dans l'air qui empêchait le jeu de se terminer. La boîte se vidait, tôt ou tard quelqu'un se prononcerait. Le moment était crucial. Au dernier pion, Deck triompha bravement sur cette manche. Il contrôlait à peine cette ébullition, se leva et sauta de joie, il partait de tous côtés. Toute la définition du jeu représentait un intérêt à y gagner. Deck était mauvais perdant, à chaque fois il se faisait ratatiner. Cette fois-ci, il eut sa chance, s'empressa d'aller embêter son cadet, prit sa tête pour un tambourin et lui lança des piques pour savourer sa victoire. Maintenant, il pouvait lui rendre la monnaie de sa pièce. Le jeu prit fin à seize heures de l'après-midi.

Rassemblons les tisons et ravivons le feu...

Loïc coupa du bois et les entassa dans un coin du cabanon. Liliane préparait les épices et les légumes, fraîchement cueillis dans le potager prévoyant au menu, du riz, du steak persillé, une salade printanière et des bananes flambées. C'était un jour comme les autres, un jour qui restait familier parce qu'il fallait répéter les mêmes corvées. *« Eh, oui ! En scène, les enfants ! »* Ce lieu restait théâtral parce qu'ils pouvaient chanter, siffloter et gaspiller des tonnes de savon et des bassines d'eau avant de céder la place à l'autre. Marie participa à la besogne sous la surveillance de son dada Simon. Bien sûr, dans le cas présent, la petite ne hurlait pas à la mort. Ce n'était pas comme à l'accoutumée quand sa mère lui donnait son bain après une déculottée. Et le pire dans toute l'histoire, plus elle se débattait, plus son épaisse tignasse frisée devenait difficile à laver. Son grand frère était à l'opposé de cette méchanceté, Il prenait soin de sa petite frangine en lui donnant des petits conseils d'ami non irrévérencieux, ni choquants ni audacieux. Il fallait absolument qu'elle apprenne à se débrouiller seule et ce n'était pas chose facile pour une enfant qui commençait à peine à connaître les joies de la propreté. Après son bain, Simon lui réserva une petite place près de lui à table, déposant délicatement dans son assiette des petits bouts de ce repas divin. Et ce fut ainsi, un diner convivial, enrichissant en discussion qui se conclut par un bon divertissement, accompagné de ce succulent dessert minutieusement préparé par des doigts de fée, cette saveur subtile qui s'accommodait agréablement au palais des fins gourmets. La nuit promettait d'être rassurante et il n'y avait aucune raison de s'affoler tant que Saint Simon était là, le cauchemar n'y était plus. Un heureux avantage pour la petite Marie qui put dormir sur ses deux oreilles à poings fermés.

Le grand « dada » passait du bon temps au foyer et savourait ses jours de congé. Son rôle de grand frère, il le prenait très à cœur en accompagnant gentiment les petits jeunots à l'école. Quant aux plus grands ils partaient en bus pour le lycée. De la bonne volonté qu'il ne pouvait découdre de sa personnalité tant la contribution aux tâches ménagères ne l'incommodait nullement. Pour sa mère, c'était un gain de temps et énormément d'argent. Enfin, il allait récupérer les bambins à la sortie des classes et les aidaient à faire leurs devoirs pour le lendemain. Pareillement à une bouffée d'air pure requinquant le moral de ses prochains, le Dalaï-Lama spirituel, la définition même de la sagesse éternelle, rendant les cœurs joyeux. Il faisait tout son possible pour aider ceux et celles qui en avaient besoin. C'est sûr qu'il devait se reposer avant de rebrousser chemin. Malgré tout, il était plus qu'heureux de prouver sa détermination pour continuer les activités en famille. Les choses prenaient une tournure différente, tout était si harmonieux et si vivifiant.

Quand le père sème, le fils récolte…

C'était bien le fils à son défunt papounet, mécanicien dans l'âme. Tous les deux auraient pu former un tandem de choc si sa destinée avait pris un tournant plus avantageux. Malgré la dureté de son travail, il appréciait son métier. Quand il était sur la lancée, plus rien ne pouvait l'arrêter à part la pause déjeuner.

Son comportement inhabituel préoccupait énormément sa vieille, tant de bienveillance et d'attachement soudain, cela ne présageait rien de sain. Elle avait perdu l'habitude de le voir à la maison, sa présence ne la dérangeait aucunement, bien au contraire. Elle savourait chaque moment passé avec lui et chaque moment de complicité passé à ses côtés. Bien qu'à chaque fois il refusait une invitation expédiée en express. Il préférait crécher dans un coin paumé, au lieu de dormir chez sa mère, une hospitalité tout bonnement gratuite qu'il rejetait. Comment penser autrement. Nous connaissons tous cet adage populaire : « *ne pas forcer la main à celui qui ne la tend pas, préférer attendre qu'il agisse de son plein gré.* » Cette fois elle pouvait grandement l'apprécier, en long, en large et même sur les côtés, ce beau présent qui lui a été offert généreusement.

Retiens les paroles de ta mère et garde son enseignement...

Malgré les circonstances, sa mère faisait tout son possible pour que son séjour soit des plus reposants. Tantôt elle lui avait déconseillé de travailler pour ce vil démon, aussi égoïste que méchant, un gros paresseux dans le fond, infligeant à Simon une charge de travail impressionnante. Forcément qu'il était épuisé le petit, donné son courage à un être aussi méprisant et d'une cupidité sans égale. Sa mère détestait son beau-frère, il le haïssait amèrement, tout le mal qu'il causait autour de lui sans crier gare. Quand bien même, son défunt mari était de son vivant, il demeurait sauvage et capricieux, un pauvre orgueilleux assoiffé de vengeance. Deux frères qui se bagarraient souvent à cause de ses agissements très douteux. Si telle était la cause de son arrêt momentané, alors sa mère comprenait. Longtemps le fils promit la création de sa petite entreprise automobile, bien sûr, le fait de devenir patron était alléchant. Mais de lourdes responsabilités l'attendaient, un moment de réflexion s'imposait avant de se lancer un tel défi. La décision n'appartenait qu'à lui, plus il prenait du temps plus il retardait sa mission.

Conforme aux principes familiaux, cela implique par la volonté qu'il faille l'encourager et le booster absolument. Pour le moment il fallait mettre les soucis de côté et le mois de décembre s'annonçait scintillant.

Une bonne conscience est une fête continuelle...

C'était une grande première, Simon allait passer les fêtes de fin d'année parmi les siens. Pleins de banquets étaient prévus et la communauté de la Sainte-Guélaine s'associait au comité des fêtes du village pour plusieurs jours. Les préparatifs allaient commencer et Liliane, étant membre de ce clan, devait apporter sa contribution au financement et travailler avec ses partenaires pour amener ce projet à bien. Les magasins étaient dès à présent bondés de jouets et de décorations en tout genre, certains trouvaient toujours de nouvelles idées pour réinventer ce rituel et ramener plus de gens. Pour les enfants, les vacances d'été s'approchaient à grand pas, cartables et gibecières attendaient leur place au placard après un bourrage de crâne intense, la liberté sera retrouvée. Enfin, un mois approuvé qui allait montrer le bout de son nez pour délaisser les cahiers et se consacrer à l'amusement, aux divertissements les plus délirants, ravager, glander sans oublier les coups de fouet.

La tradition c'est la somme des valeurs vieillies et le respect des anciens...

Décorer le sapin le premier jour de décembre demeurait coutumier. Liliane et ses marmailles s'empressèrent d'embellir le leur, attirant le regard des passants, à première vue, il charmait. Elle maintenait toujours la tradition, rendant hommage aux aïeux, une reconnaissance, une croyance et un culte béni donnés avec bienveillance. Noël, une occasion unique pour les grandes retrouvailles, l'entente, le rapprochement des grandes familles, des voisins et des voisines rassemblés, tout le monde s'unissant pour partager leur joie dans cette festivité préservée. C'est sûr qu'il fallait donner le coup de grâce et achever cette fin d'année en beauté. Les petits étaient enthousiasmés par l'ampleur des préparatifs. Ils épiaient et suivaient le déroulement des événements avec leurs grands yeux écarquillés de surprise et d'étonnement. Hallucinant de voir tous ces cadeaux empilés sous le sapin s'illuminant de vives couleurs bariolées. Des serpentins, des confettis, des cotillons et tous les artifices de toutes sortes dimensions disposés dans l'énorme carton. Ha ! Vivement le jour du petit Jésus, ainsi se rappelant qu'ils étaient obligés d'ouvrir leurs présents au lendemain du réveillon, ne les émerveillait en aucune façon. Il fallait se fier aux recommandations et attendre le moment venu pour découvrir les magnifiques joujoux qui s'y cachaient.

Toutes les maisons étaient parfaitement habillées pour l'heureuse occasion. Les gens savouraient le plaisir et l'ambiance harmonieuse en cette période de fin d'année. À perte de vue, des ribambelles de guirlandes suspendues d'un bout à l'autre, s'entrelaçaient bras dessus-dessous, attendant le moindre petit vent pour danser gaiement. De magnifiques lanternes colorées, accrochées aux murs et aux poutres, scintillaient de mille feux dans cette obscurité redonnant un aspect vivifiant et personnalisé aux allées des pavillons. Le mois de décembre était là, tout en animation, sous les yeux éberlués de multitudes enfants. La musique coulait à flot entraînant avec lui les corps endiablés au rythme de ses ondes locales. Dans les ruelles et sur les grandes routes, les roulements de tambours s'égrenaient dans l'air d'été sous les regards ébahis des gens heureux bordant de chaque côté les pavés inoccupés, tandis que d'autres, tendaient l'oreille au bruit qui s'éloignait.

Point de menteur ne marche sur le feu, au risque de s'y brûler...

Tous les ans, la famille Hacquett était invitée à assister aux cérémonies tamoules. Liliane se prépara à l'avance, confectionnant les costumes folkloriques, chemise blanche et pantalon court pour ses garçons, tenue fleur des îles pour ses filles. La marche sur le feu, au cœur de la culture indienne, les attendait à bras ouverts. Non, ils n'allaient pas courir sur un tapis de braises ardentes pieds nus mais bien entendu, marcher dans la grande troupe culturelle sous un soleil de plomb et suivre la cérémonie jusqu'au temple malabar. De succulents mets indiens les attendaient offrant dans leur assiette du cabri massalé, des bonbons piments, des samoussas, des bonbons au miel, du riz au lait coco, j'en passe et des merveilles. Une cérémonie qui se prolongea jusqu'à très tard dans la soirée, contentant à volonté les papilles gustatives. Cette magnifique et longue journée restera dans les pensées suscitant tant d'événements à remémorer.

Qu'ils se rattachent au petit Jésus pour glorifier sa venue...

Les jours passaient, les heures s'élevaient en température, tout le monde répondait présent et les préparatifs se poursuivaient avec entrain. L'acharnement, la vivacité et le travail accompli se manifestaient tout autour des festivités attendues. Il fallait s'armer de patience, le jour « j » tardait vraisemblablement à arriver. En attendant, les enfants continuaient leur petite routine. Tant que leur mère n'était pas sur leurs dos, ils jouissaient agréablement de cette liberté. Leurs vacances avaient commencé depuis, ils trouvaient de quoi s'occuper, joignant l'art à la créativité, profitant des grands arbres pour construire de petites cabanes et se mettre à l'abri du soleil. Aussi, ils livraient bataille devant les jeux de société, entamaient des paquets de clac doigt comme un gros buveur de bière et dévalaient la pente à vélo jusqu'à la nuit tombée. Actuellement, leur petite vie était comblée, tout allait pour le mieux et dans le meilleur des mondes. Leur mère, déterminée à mettre en place toute l'organisation festive avec la grande communauté villageoise, vouée à participer à ce grand dénouement final, ne pouvait veiller sur eux. Bien sûr, elle comptait sur son fils ainé pour s'assurer du bon comportement de ces écervelés.

Il suffit d'écouter de la bonne musique pour avoir le rythme dans la peau...

Les journées continuaient en fanfare, avec une avalanche de sons convertissant les oreilles en hauts parleurs vibrants. Des envolées de ballons multicolores, avec leurs habits de « joyeux noël » montaient au ciel, l'air fofolle, ondoyants sous le vent. On pouvait apercevoir le grand chantier, en longeant le chemin poussiéreux, menant vers les petites maisons habitées. Il était caché par de gros arbres verdoyants, garnit de fumigènes et de gros pétards usés, que les occupants déchainés firent détoner le jour précédant. Une « gigantesque salle verte » en bambou était en construction, bientôt parée de feuilles de cocotier, de fougère et de fleurs en papier.

Noël, cette époque tellement magique, où l'air est étrangement chargé de quelque chose d'indéfinissable et de subtil. Les habitants allaient bientôt toucher du doigt cette célébration en savourant en famille sa magnificence haut en couleur. Marie restait coller aux basques de son « grand dada » et puis, cela ne dérangeait nullement Simon, il préférait la garder près de lui au lieu de la laisser errer et de la voir revenir tout en pleurs recouverte de bobos.

Une chose prend fin, une autre chose commence et c'est la même qui continue, chaque année...

De la campagne vers la ville, les apparentés du petit bourg iront gambader et triompher en famille. *« Mon père »* fera la conduite aux pèlerins jusqu'à la chapelle *« Saint-Michel »*. D'autres se mettront en marche, à pied, sur la grande route, dans leurs habits d'été jusqu'à l'arrivée.

Chaque année, les fêtes foraines ravissaient les petits et grands. Laissant promptement de côté les préparatifs, ils s'accordaient, cependant, une petite journée de répit avant le réveillon. Tout le monde pressait considérablement le pas, se dirigeant vers la grande ville, s'excitant sur les attractions, les manèges, les jeux en tout genre et se gavant de nourritures festives. Passer du bon temps en famille était agréable tant que le moral était au beau fixe et que le plaisir restait intact. Pour un tel événement, Les Hacquett répondaient toujours présents. Du moment qu'il n'y avait pas d'imprévu, tout allait pour le mieux. Rien ne les interdisait de s'aventurer pour un court instant. Le véritable risque qu'ils encouraient était minime. La mère gérait parfaitement la situation :

— Pas d'inquiétude à se faire. Disait-elle

Elle aura de quoi se protéger quand la petite dégobillerait. Pour une fois, Simon changea ses habitudes et accepta la petite virée en famille. Ha ! Quelle fut leur joie. La fête foraine, un grand plaisir pour les yeux, les oreilles et la bouche, des bonbons sucrés, des barbes à papa, des sandwichs garnis, des kébabs, des portions de frites... Miam ! Tout était réuni pour passer un agréable moment en compagnie de la grande famille. Ici les couleurs et les saveurs se mêlaient, profitant d'une bonne grosse glace où monter dans des manèges donnant le vertige et le grand frisson, l'envie de se mélanger à la foule était présent. Marie était juchée comme une naine sur les épaules de son grand « dada » géant. Elle appréciait en hauteur ce spectacle gigantesque avec ses petits yeux remplis d'allégresse. Quoi qu'il advienne, elle ne se priverait pas de ces bonnes gourmandises. Marcher dans cette foule immense paraissait totalement ardu, difficile de compter les têtes qui s'y trouvaient, aussi peuplées que les vers dans une viande avariée. Ses aînés, complètement excités, essayant toutes sortes de manèges et de jeux diversifiés, ne semblaient pas être épuisés par toute cette agitation. Ce fut ainsi que la famille Hacquett continua cette journée dans la joie et la bonne humeur jusqu'à très tard dans la soirée, s'aventurant une dernière fois dans « la maison hantée » avant de rentrer.

Une bonne nuit de sommeil remit la colonie sur pied s'activant sur les derniers préparatifs. Il ne restait plus que quelques jours avant que la fête commence. On ne pouvait s'imaginer un noël sans jambons et boudins. Rester dans la pure tradition que les descendants respectaient honorablement. Les porcs, engraissés toute l'année, attendaient d'être sacrifiés et bientôt transformés pour l'occasion, en ragoûts, en petits pâtés et autres mets pour combler tous les palais. Une lourde tâche laissée à de véritables chefs habitués aux rituels. Quelques morceaux, grossièrement découpés, étaient distribués aux divers foyers. Le « sacrifice du cochon », dans la quintessence traditionnelle, donnait lieu à une véritable cérémonie, rassemblant une très grande communauté autour de bons produits locaux, « le rhum charrette » et « le punch coco », sélectionnés par de fins gourmets aux gouts raffinés. De bonnes choses dans l'art de la tradition s'associant à la culture et au folklore, se mêlant aux pas de danse et aux rythmes musicaux.

Tel était le programme communautaire, marquer les esprits des fidèles adorateurs en commémorant la naissance du « petit Jésus ». Une crèche géante installée dans la grande salle commune mettant en scène « un nouveau-né » désespérément cloué à son couffin, une belle image caricaturale gravée dans la mémoire de ces obsédés chrétiens. Pas de panique, la critique n'était pas péjorative, loin de là, une telle fête devait être célébrée dignement. Présentement, il ne restait plus que les petites tâches de dernières minutes distribuées aux grands enfants affirmant leur volonté de collaborer avec la communauté. L'heure était pour eux d'apporter leur contribution en se transformant en joyeux petits lurons et mériter au moment opportun, leurs présents qui les attendaient sagement sous le sapin. Une mission qui leur valut comme récompense un sachet de petits fours et de gourmandises au chocolat — Bonne dégustation les petits ! — Maintenant il fallait trouver de quoi s'occuper en attendant « les prochains coups de minuit ».

Il était plus compliqué de trouver le sommeil, le cerveau en effervescence, les pensées qui fusent, songer à ces moments conviviaux et festifs. Imaginer comment vont se dérouler ces fabuleuses journées. Le coup d'envoi sera lancé au premier jour du réveillon et se poursuivra sur une succession de fêtes jusqu'au six janvier, jour de l'Épiphanie — Y aurait-il un mode d'emploi ou un tuto pour connaitre la marche à suivre ? — Pas d'inquiétude, tout le monde sera en mesure de faire la fête naturellement. À ne pas se goinfrer inutilement, entre les apéros, les mets et les desserts à volonté, attention à la digestion, un dicton qui ne manque pas d'être cité *« la gourmandise est un vilain défaut »*, une considération aux bedaines empêche tous maux de se montrer.

Noël donnant lieu à une veillée prolongée, tant pour les petits que pour les grands et ce n'était que le début d'une longue festivité avant que les amusements se terminent.

Chapitre deux

À tout jamais...

Cette nouvelle année s'achevait dans l'allégresse et c'est dans cette atmosphère festive que se manifestait une exultation de joie et de bonne humeur, remerciant leur seigneur pour sa miséricorde, lui rendant la gloire en son nom et des offrandes partagées pour couronner cette fête en son honneur. Ces quelques jours de festivité qui restaient, se concluaient malheureusement par des querelles insignifiantes. Georges, l'abruti ivre-mort incontrôlé, ne put s'empêcher de se donner en spectacle devant une telle assemblée. N'ayant pas reçu d'invitation, il sema une belle pagaille pendant cette occasion. Hypocrite, insolent et sournois, tels étaient les mots qui définissaient sa personnalité. Il était si imbibé d'alcool qu'il empestait, tenant un sabre à la main, menaçant ouvertement Liliane et ses gamins. Le père ne put supporter de telles bravades, le mit à la porte à grand coup pied aux fesses. C'est ainsi qu'il récoltait le fruit de sa mauvaise foi. Ce petit monde était soulagé de le voir détaler à grandes enjambées. Simon avait disparu, laissant ses quelques affaires à la maison, personne ne pouvait estimer son retour. Il prit quand même le temps de saluer ses ainés avant de chevaucher son équidé et partir au galop, sans oublier, de promettre à sa petite sœur, qu'il reviendrait.

Des problèmes qui vont certainement faire leurs apparitions. Être le sujet d'une querelle au début d'une nouvelle année ne prévoyait rien de bon. Liliane devait s'attendre à des répercussions, elle le savait très bien d'ailleurs, surtout très superstitieuse dans l'âme, la croyance était à son summum. Malgré tout, la famille gardait de bons souvenirs de ces soirées passées avec la communauté, à marquer les fêtes avec bonté.

Janvier 1980

En pleine période été austral, une température qui pouvait grimper jusqu'à trente degrés. Une petite réunion qui faisait l'objet d'une grande discussion pour savoir à qui attribuer les rôles. Le grand nettoyage avait commencé. Les fêtes terminées, il fallait s'activer avant l'arrivée les pluies diluviennes. Reprendre les manies quotidiennes, après une bonne cuvée, difficile de se remettre sur la lancée. De toute façon, les gros matériels n'allaient pas se faire pousser des pieds pour se déplacer. Des hommes et des femmes étaient sollicités pour mener à bien ce travail colossal. Il fallait absolument remettre le village en état de propreté et cela demandait des efforts considérables. Les gens participaient sans relâche à cette besogne.

Autant on emporte le vent et la tempête avec lui...

Les prévisions météorologiques annonçaient de fortes pluies, d'horribles orages et de la foudre dans les jours à venir. En contrepartie, s'activer sur les tâches, s'occuper du bétail, des volailles, vérifier la solidité des abris et les toits des maisons, telle était la forte concentration de l'activité. Les habitants prendront leur mal en patience car les pluies diluviennes vont par moment intimider ou déferler à gros jets et ne quitteront pas la zone de sitôt. La famille Hacquett était entièrement disposée à prêter main forte en cas de besoin. Aucun risque ne pouvait mettre en danger leur belle demeure, située en hauteur sur une solide fondation. Elle ne s'exposait pas aux risques cycloniques, ni aux inondations ou aux coulées de boue.

Après maintes vérifications des tâches préalablement effectuées, l'inquiétude se lisait sur les visages. Les infos annonçaient une arrivée cyclonique se situant à quelques kilomètres des côtes et semblait faire son entré, approximativement, dans les deux prochains jours qui succèderont cette accalmie. Cela leur laissait le temps de se mettre à l'abri et attendre que ça se passe.

— Pas d'affolement les amis. Nous tiendrons coûte que coûte. Nous connaissons la valeur de ces phénomènes naturels. Nous avons tenu jusqu'ici, rien ne peut nous contrarier. Et puis, toute la communauté se serre les coudes. Ne vous en faîtes pas. Veillez à ce que vos enfants ne s'égarent pas trop loin, le risque est imminent. Rentrez chez vous, conservez au mieux vos nourritures et tout se passera bien ! Les anciens mentionnaient ces quelques préventions aux habitants paniqués, soucieux de leur environnement.

Cependant, les communiqués ne semblaient pas apporter d'importantes informations sur les alertes. Malgré le mauvais temps, Les boutiques continuaient leurs petits commerces. *« Chers automobilistes, actuellement vous êtes sur la fréquence FM. Nous vous recommandons la prudence, faites attention aux chaussées glissantes, le dérapage dure un court instant mais assez pour provoquer un accident, gare aux éboulis, la chute reste mortelle. Rentrez chez vous et mettez-vous à l'abri. »* Il était certain que les gens s'armaient de patience et restaient coller à leur poste de radio. C'est sûr que l'écoute du bulletin d'information, des annonces météo et les avis spéciaux devenaient primordiaux. La famille Hacquett restait au chaud, se divertissant du mieux qu'elle pouvait, attendant de nouveaux énoncés. Une belle envergure cyclonique commençait à prendre forme sous leurs yeux. — Ce ne sont quand même pas quelques avalanches de pluies qui vont accablées les esprits. — Excepté ces déferlements sur la tôle donnant du serrage aux fesses. De toute façon, tous les ans c'est la même rengaine. Restant habituer aux caprices de dame nature, les villageois semblaient tenaces aux intempéries. Des journées qui vont virer aux noires c'est certain, mais pour une courte durée, les nuages finiront par se dissiper et l'économie suivra son cours, ça reste courant et inévitable.

Deux hommes manquaient à l'appel depuis près de huit heures et leurs absences commençaient à se faire sentir. Liliane s'accrochait vivement à son poste de radio, les nouvelles restaient mauvaises, les lignes téléphoniques étaient coupées, les éclairs ravageaient les poteaux en bordure de route. Les câbles se détachaient et venaient se dandiner sur la chaussée. *« Malédiction à celui qui fait son carnage et qui n'a point de pitié pour les pauvres malheureux qui attendaient »*. À la vue du crépuscule, ce sentiment d'inquiétude triturait son estomac, comme une boule remplie de nœuds qui l'oppressait. Pour Liliane, c'était le film d'horreur dans son état pur. À cet instant, les entrées et les sorties étaient closes, les portes et les volets fermées à double tour. On ne pouvait qu'apercevoir, à travers les jalousies, les rafales de vent qui dominaient cette végétation résistante, une vision théâtrale mettant en scène le combat de « David et Goliath » sur le champ de bataille. Liliane ne cessait de prier, faisant les cent pas, fixant à chaque moment les aiguilles de la grande horloge, avalait difficilement sa salive, sa respiration ne maintenait pas son rythme, elle était au bord des larmes, sa voix semblait s'éteindre, elle baissait d'un ton :

— Je reste sans nouvelle de mes êtres chers par cette maudite tempête. Par pitié, ramenez-les-moi en vie, je vous en prie ! Se disait-elle avec peine, le désespoir semblait envahir tout son être.

Assise sur le rebord de son lit, loin des petits regards, elle n'y tenait plus, les larmes circulaient sur ses joues, demandant à son dieu, dans une supplication poussée à l'extrême, de la bienveillance accordée à sa prière.

Une victoire garantie vaut bien la sagesse de l'esprit...

Aussitôt, par deux fois, de gros bruits fracassèrent la porte d'entrée, faisant sursauter la petite assemblée qui apparemment était plongée dans leur amusement préféré. Un groupe qui s'occupait du coloriage et l'autre jouait à pile ou face.

— PAN-PAN ! PAN-PAN ! — Liliane, ouvre la porte, c'est nous !

Cette grosse voix, elle la reconnaîtrait par tous les mauvais temps, la remit aussitôt sur les rails. Elle s'empressa d'ouvrir, malgré la turbulence qui pestait à l'extérieur. Heureuse de voir que ses hôtes étaient rentrés, trempés de la tête aux pieds comme une soupe, sans aucunes côtes fêlées et claquaient des dents. Par ce bonheur intense, elle poussa un soupir de satisfaction qui ragaillardit ses sens. Peu à peu, les battements rapides de son coeur revenaient à la normal. Elle était prête à faire un arrêt cardiaque la pauvre, si la situation s'aggravait et que ses bien-aimés ne donnaient pas signe de vie. Son visage avait repris de la couleur, elle ne luttait plus contre ses émotions. Ses prières étaient notamment acceptées, la grâce de ce dieu qu'elle priait solennellement, le chapelet à la main, avec véhémence et bienveillance. Liliane s'empressa de donner un grand coup de chiffon sur les larges trainés de boue, laissées par les pas de géants.

Un bon café les attendait au coin du feu. Bien sûr, leur discussion tournait autour de cette violente tempête. Les chemins boueux, les terrains glissants, des arbres déracinés trônaient sur les routes empêchant toute circulation. Aucun accès pour venir en voiture jusqu'à la maison. Malgré l'alerte donnée en fin d'après-midi, ces deux fous purent rentrer. Loïc était obligé d'abandonner son bien en bordure de route pour escalader le sentier glissant menant jusqu'à l'habitat, cette piste était vigoureuse et difficile d'accès. Les jambes fléchissaient, Simon peinait à le suivre de très près, sous cette pluie prolongée qui fouettait. Jamais un tel défi ne leur était accordé, c'était d'autant plus difficile qu'il n'y parait, leur arrivée était couronnée de succès et ils purent se mettre à l'abri avec la petite famille. Ils auraient pu y laisser leur peau, ils ont su affronter ce dilemme ensemble, il est dit qui ne tente rien n'a rien, c'est totalement prouvé « *le risque est grand que si la vie en vaut la peine.* »

Les oreilles restaient attentives aux informations. Un mauvais signal satellite interrompait la transmission par moment et puis revenait brusquement. Les rafales de vent dominaient, balançant les arbres fruitiers de tous côtés, décoiffant leur afro. La pluie se mêlant au vent, dansaient sur du kwaito au rythme de leur chant africain, tourbillonnant tout autour de la maison, leur amour futile avait peu de sérieux.

Sur les ondes, les gens s'affolaient, s'interrogeaient, apeurés par ce cyclope déchainé :

— Les rivières en crues balayent tout sur leurs passages, il y a d'innombrables sinistrés, autant de bétails et d'animaux domestiques emportés par les flots ! Disaient-ils, abasourdis. Un amalgame de stupeur et d'horreur se mélangeait aux mots.

Marie s'accrochait à Simon, comme promis, était revenu. La petite désespérait longtemps, assise sagement avec ses ainés, espérant sa venue. Simon ne manqua pas de lui faire un gros câlin et apaisa ses craintes. Il trouvait de quoi s'occuper, jouer à la belote avec les autres, n'était-ce pas là une bonne idée ? eux qui aimaient se confronter, sortir victorieux d'une partie et rester gagnant. Alors là, il allait leur montrer de quoi il était capable même si l'orage tambourinait dehors. Cela restait la meilleure façon de tuer le temps et ne pas sombrer dans l'ennui. La soirée paraissait longue, elle était agrémentée d'une obscurité abyssale, accompagnée par des pluies torrentielles, des rafales de vent et un gros boucan qui empêcherait un démon de sommeiller. Personne ne pouvait sortir par ce temps, alors des bassines étaient mises à disposition dans les chambres. Gare à son nez si quelqu'un, par mégarde, faisait popo en milieu de soirée.

Quelques grondements orageux tonnaient suivi d'un éclat de tonnerre violent, anéantissant le ciel avec beaucoup d'énergie. Ce sinistre brouhaha se dispersa, de part et d'autre, à divers endroits, s'éparpillant au-delà du petit bourg. Marie pris peur et s'agrippa au cou de Simon. La petite enfouie son petit visage à son creux et resta là sans bouger, toute tremblante. Les autres se cramponnèrent à leur fauteuil jusqu'à interruption. La partie n'était pas encore finie, ce tintamarre risquait de durer toute la nuit et voire jusqu'au petit matin. Les enfants allaient sûrement mal dormir, si ce tapage nocturne se prolongeait. Les gens se soumettaient aux caprices de dame nature, rien à faire tant qu'elle continue d'accroître sa colère, ils allaient devoir la supporter. Une ou deux musiques nostalgiques passèrent rapidement sur la bande radio attaquant directement les infos : *« Le cyclone ne présente plus de menace, l'alerte cyclonique sera levée demain à 10 heures, la décision a été prise par le préfet il y a dix minutes. La vigilance est de rigueur, ne prenez pas la route, restez chez vous toute la journée, gardez la prudence. »*

— Ah ! Enfin une bonne nouvelle. Demain nous verrons les dégâts et nous mettrons la main à la pâte pour aider nos voisins ! répliqua Loïc avant d'aller se coucher. Il a su placer ses mots et il en était fier.

Le vacarme est un bruit assourdissant qui met les tympans en alerte et connait sa fin...

La nuit promettait d'être longue, quelques résonnances circulaient encore dans les hauteurs, mais n'empêchaient personne de dormir sereinement. Une légère approche en ouvrant les portes, encore quelques tombées de pluies qui ne disparaitront pas d'aussitôt. Des arbres bien amochés, quelques troncs dans le potager, tout était à refaire. Il fallait attendre des semaines et des semaines avant d'obtenir une bonne récolte. De toute façon, la terre, encore saturée et gorgée d'eau, ne pouvait être travaillée. Au loin, une, deux, trois, Liliane pouvait compter, voire quatre toitures en tôle arrachées. Ça faisait mal au cul... Euh ! Pardon au cœur de voir que ce cyclone avait perturbé la vie des voisins :

— Quel désastre, il a tout cassé. Regarde, les maisons des proches sont endommagées, des tôles envolées, mon dieu ! Pourvu qu'il n'y ait pas de blessés. Espérons que le temps s'arrange et qu'aucun cyclone ne vienne nous déranger.

Loïc voyait les choses en noir et restait pessimiste sur ses propos :

— L'île est propice à ce genre d'événement, n'espérons rien de généreux !

Leur demeure a su résister aux coups de vent, il ne manquait plus qu'à remodeler ce village vilainement massacré et aider les sinistrés à se remettre sur pied. Encore de la pluie et du vent qui persistaient, cela prendra du temps avant que tout redevienne comme avant. En attendant que le ciel s'éclaircisse, la vie devait reprendre son souffle doucement. Pour le voisinage, les réparations demandaient des dépenses, les dégâts étaient trop importants. Des rénovations étaient à prévoir dans les semaines à venir. Le cyclone a révélé l'envers de son décor, toute l'ampleur de la catastrophe, vu dans cette optique, une toile mal peinte considérée comme un tableau raté. La nature lui inspire de l'aversion éprouvant son gros dégout, l'écrasant sans modestie, impassible aux sentiments de l'humanité, le parfait sociopathe déséquilibré, au comportement obsolète qui se traduit par ses actes démesurés. Reconnaissons que cela laisse des traces et un remboursement des biens demandait plus que de la compassion. La communauté savait comment gérer ce problème et puis ce n'était pas leur première fois. En tout cas, les anciens auront des histoires croustillantes à se mettre sous la dent, les petits enfants se régaleront et même si cela demandait un peu de contre-vérité, ils se vanteraient de fausses prouesses héroïques.

Elle détesta, dit-on, l'impitoyable mégère ...

Ce n'était que le début des vacances, les enfants se réjouissaient de ces merveilleuses journées. Un mois à faire les fous, les casse-cous et les galipettes. Jamil, le plus ravagé, aimait grimper aux arbres et par malchance tomba en contrebas. Un atterrissage qui lui valut quelques points de suture. Marie, forcée de passer les vacances chez sa grand-mère Pauline, du côté de son père, une moue boudeuse, elle était en colère. La sentence était sévère, elle pleurait même avant d'y mettre les pieds. Émy, sa sœur ainée, sautait de joie, tant elle adorait cette vieille bique et puis, le *« Bras-du-petit-Bourg »* restait l'endroit où elle avait grandi. Quelques mois, après sa naissance, sa grand-mère la prit sous son aile. Bien entendu des parents insoucieux qui ne se faisaient pas prier, ils profitèrent bien de l'occasion pour passer le relais.

À son arrivée, une bienvenue peu appréciée, un regard malsain et des gros yeux qui sortaient de leurs cavités. Sa vilaine grimace faisait peur à voir, Marie voulait se cacher les yeux avec ses petites mains tellement l'horreur éclaboussait par petit jet sur ce visage ridé. Elle posait les pieds sur un terrain inconnu, découvrant un autre environnement, un autre décor. Elle eut besoin d'un moment d'arrêt, jeter un rapide coup d'œil aux alentours et faire une brève constatation, comparant la distance qui séparait les deux maisons. La mauvaise nouvelle, il était impossible de prendre la fuite en cas de problème.

Un début de vacances qui présentait une petite difficulté et la laissait perplexe, que faire dans une situation embarrassante ? Elle hésitait à faire le premier pas, pourtant rien ne l'empêchait d'avancer et montrer qu'elle existait. Et pis à la vue de ce visage, ses petites jambes se crispaient et ses pieds restaient scotcher au sol. La mamie ne semblait ne pas se préoccuper de son arrivée, Marie échouait publiquement sur ce territoire merdique et faisait semblant de s'y intéresser un tout petit peu sinon elle perdait la boule. Malgré sa petitesse, elle savait que sa venue n'était pas acceptée, cette vieille peau n'avait d'yeux que pour Émy, elle s'en foutait complètement de sa présence. Marie entendait du haut de son esquimau, cette voix éraillée qui disait : *« une autre enfant dans mes pattes, quelle saloperie de fils, forniquer sa bécasse et venir déverser sa semence jusqu'au bas de ma porte. »* Son but n'était pas de savourer cette rencontre et être plongée dans une douce béatitude, mais de faire plaisir aux satanés parents et suivre leurs recommandations : *« mamie est vieille, fais attention à ne pas trop l'énerver, écoute quand elle te parle, même si elle te gronde c'est pour ton bien, d'accord ! »*

Passent les jours, passent les semaines, le temps filait à toute hâte et malgré tout, sa grand-mère ne parvenait toujours pas à la supporter, la plupart du temps elle folâtrait sous ses yeux et restait invisible. Elle était toute petite, Marie, et ne comprenait pas le discours des grands. Pendant la pause déjeuner, elle lui donna un coup de bec :

— Mange proprement petite négresse et tiens-toi correctement sur ta chaise ! Le silence s'installa un court instant, puis elle continua sur ces mots :

— Ton père doit faire plus attention à Émy. Je ne comprends pas ce favoritisme, elle a tout le mérite. Tandis que toi, tu n'as aucune valeur et tu n'auras rien. Tu es juste une petite sotte, qui essaie de convoiter une place qui ne lui est pas dédiée. Crois-moi, Emy ne te vendra pas son droit d'aînesse pour une bouchée de pain.

La mamie lui jacassait ces quelques mots, sans aucune retenue. Une jalousie qui valait son pesant d'or. Une partialité injustifiée qui prend parti pour Émy, sans-soucis de blesser autrui. Marie ne comprenait toujours pas ce bavardage ridicule et insensé. C'est surtout que sa grand-mère ne s'attendait pas à ce que son fils ait un autre enfant. Elle qui croyait qu'Émy était la dernière, eh bien, c'était raté. Légué à Émy tout l'héritage familial, c'est ce qu'elle voulait et n'aurait pas à regretter son geste.

Des jours qui semblaient pénibles, la résignation sortait du cœur, une sentence prolongée par cette cruauté qui augmentait au fur et à mesure. Obligée de se soumettre à ce rituel matinal, que sa grand-mère lui imposait, apprendre comment se faire torturer pendant le brossage des cheveux. Telle était l'attitude que sa mamie aimait adopter, s'asseoir sur un petit tabouret, serrant Marie entre ses jambes, empoignant fortement sa crinière en appliquant une grosse quantité d'huile de coco, graissant à volonté, pour un démêlage douloureux. Ah là là ! Quelle chienne, cette vieille peau.

Marie n'en pouvait plus, ses petites larmes coulaient à flot. Le martyre la poursuivait et personne pour l'aider. Elle était un souffre-douleur pour les caprices du diable. Forte dans l'âme, elle continuait à résister malgré tout et quand la bique finissait, elle essuyait ses pleurs et fuyait.

De gigantesques champs de cannes dominaient les alentours, s'étendaient à perte de vue sur une vaste étendue. Même le plus vaillant des courageux pouvait perdre son chemin et rentrer à la nuit tombée s'il le retrouvait. Au milieu de cette brousse, se tenait une belle case créole, recouverte de tuiles rouges, à l'arrière un petit sentier menant vers les géants, personne n'osait y mettre les pieds, à part les habitués et à l'avant, une grande cour, dissimulée par des treilles de raisins, un immense parc à cochons qui siégeait dans un coin. Heureusement que les odeurs ne dépassaient pas la limite de l'enclos, une approche était trop risquée et Marie refusait d'avancer de très près, d'ailleurs une fois lui avait suffi. Quelques parterres de plantes alimentaires, médicinales et ornementales couronnaient le tout. Sa grand-mère aimait jouer dans cette terre mouillée par la rosée et chouchouter ses jolies plantes. Dès l'aube, elle dévalait les quelques marches pour revigorer les jeunes pousses. Même après le réveil des filles, elle donnait encore des coups de bêche dans cette terre humide.

Quelques familles occupaient les parcelles de terrain, ils semblaient se satisfaire pleinement de leur vie et ne se préoccupaient pas du reste. Un tas d'enfants se mettait à dévaler la pente à toute allure et courir dans sa direction. Marie les regardait arriver, une ribambelle la saluant amicalement, comme s'ils se connaissaient depuis longtemps. Apparemment certains étaient des nièces et neveux et se côtoyaient tous les jours. Si sa sœur pouvait en faire autant, Marie aurait eu la facilité de discuter un peu. Elle mettait un point d'arrêt avant de trouver la force d'aller vers sa sœur et lui voler un soupçon de causette. Par malice, cette petite peste n'arrêtait pas de courir dans tous les sens et Marie suivait difficilement par petits trots.

Elle n'était pas si méchante que ça la mégère, ses quelques verrues, elle les portait comme des trophées. Sa cour ne manquait pas d'arbres fruitiers, le papayer, le litchi, le manguier, le longanier… Elle aimait préparer de délicieux gâteaux au manioc, des pâtés créoles, des biscuits au coco et de la bonne confiture qu'ensuite, elle distribuait aux grandes familles et à tous les marmots. Chacun prenait un réel plaisir à déguster ses bons mets.

La journée se déployait à-peu-près gentiment, à part quelques corvées que la mamie imposait, de toute façon, on ne pouvait les éviter. Avant d'aller jouer, il fallait que le travail soit fait, l'apprentissage était dur et fatigant. Brosser, cirer, nettoyer, laver, faisant d'elle une esclave, se soumettant pour se libérer. Pas moyen de faire la grasse matinée, debout avant sept heures. Le bain et le brossage des dents se faisaient à l'extérieur. Sortir par ce froid, glaçait les petits os. Maudit soit le créateur qui a pu concevoir un être aussi méprisant. Marie regrettait beaucoup sa vraie maison, sa vraie famille, son dada Simon. Elle déversait ses petites larmes dans un coin où personne ne pouvait l'apercevoir.

— vivement la fin des vacances ! Disait-elle tout bas, tenant sa petite tête entre ses mains.

Sa sœur lui accordait peu de temps et d'attention, préférant la compagnie des autres enfants. Et quand elle le faisait, elle ajoutait sa petite touche prétentieuse. Elle aimait jouer avec les grands, ceux de son âge et ceux en qui elle avait confiance. Et puis cette sœurette ne la connaissait pas vraiment, une belle distance les séparaient depuis longtemps. Comment resserrer les liens après plusieurs années ? L'une étant l'opposée de l'autre, pour l'instant une amitié ne pouvait être considérée.

Une saison de pluie infinie, les masses d'eau tombant du ciel floutant l'horizon, c'était l'horreur. Des vers de terre à foison, gigotaient vilainement dans cette eau boueuse. Marie avait tellement peur de ces bestioles qu'elle ne voulait plus sortir de la maison. Pas le moindre petit battement de cils, ses petits yeux pétrifiés suivaient la direction qu'ils prenaient.

L'enfer était à ses pieds, des vacances gâchées à cause de cette sorcière sortie tout droit du « Muppets Show ». Elle n'envisagerait pas une seconde, éprouver la moindre compassion pour ce vil démon. Chaque après-midi, sa mémé faisait une petite sieste et c'était une aubaine pour Marie, elle pouvait profiter de ce temps libre pour s'évader de sa prison, visiter les quelques lieux environnants et jouer avec ces écervelés y compris sa sœur ainée. Le temps était compté, avant que sa mamie se réveille, il fallait tirer profit de cette escapade et partir loin des tâches quotidiennes. Et puis, une journée qui commence, qui se passe, qui s'écoule et qui se termine vite, la rendait triste. Ces quelques moments de distraction ne suffisaient pas pour se rassasier, quand bien même qu'il faille rentrer avant que cette vieille s'égosille à tue-tête.

La vie est un léger sommeil, une illusion éphémère tantôt douce, tantôt amère...

Ce matin-là, un soleil radieux apparu à l'horizon. Brillant de tout son éclat, libérant ses rayons lumineux, accentuant les pigments de ce paysage coloré, qui méritait une belle représentation sur une fresque. En tout cas, cette journée était faite pour se mettre à la peinture. Elle prit son crayon pour dessiner ce qu'elle voyait de beau. Ces petits yeux pétillaient à la vue de ces belles couleurs, l'envie de se prononcer sur du papier était décidée. Ne pouvant résister à cette tentation, bien sûr, après les corvées imposées et une autorisation préalablement demandée, pour utiliser la grande table de la salle à manger, s'installa confortablement, s'inspirant de sa vision, commença à gribouiller. La grand-mère ne put s'empêcher de lancer ces quelques mots hideux :

— Fais attention à ma table, petite, elle m'a coûté une fortune, alors gare à toi si tu la salis.

Elle était tout ouïe à écouter la recommandation, même si cette phrase lui piquait un peu le coeur. Émy, la grande excentrique à la french braid, les mains glissaient sur le rebord de la table, lentement, elle s'approchait à pas de tortue, l'observait, l'épiait, elle jalousait. Les coups de crayons de sa sœur lui donnaient envie de se mêler au divertissement. Elle s'assit, appliqua un semblant d'imitation, comme pour lui dire : « *regarde, n'y a pas que toi qui saches le faire et même je le fais mieux que toi* ». Peu importe si sa sœur faisait son intéressant, sur le moment, elle s'occupait de son activité, sa perception, sa vision, son art, elle mettait sur du papier, une artiste qui savait jouer avec les couleurs, pas comme cette sœur immonde, bête comme ses pieds. Si peindre pour elle était chose insignifiante et futile, eh bien, tant pis ! Ce moment de tranquillité lui permettait aussi bien de dessiner que de s'évader un instant par la pensée, rêver de ce cosmos imaginaire et magique, rencontrer des êtres fabuleux n'ayant pas de préjugés dont la gentillesse était immense. Elle s'autorisait à s'abandonner à cette petite rêverie, lui permettant de tenir le choc. Une liberté que personne ne pouvait lui ôter, son petit monde bien fabriqué, dedans, aucune vilaineté et des amis dévoués. Elle était bien loin de la réalité, à tout moment une masse pouvait lui tomber sur la tête et l'obligerait à sortir de cet apaisement précieux.

Le dur labeur qui lui valut cette belle récompense…

La vie avait son lot de cruauté mais elle savait combler de joie le cœur de l'être méprisé. Cette mamie avait quand même un bon fond, bien qu'elle n'aimât pas ces excursions, elle savait se montrer coopérante. Une demande de sortie que la tatie Béatrice ne manquât pas de lui faire parvenir, invitant les filles d'être de la partie. Un grand moment de liberté que Marie approuverait, toute une journée sans corvée et bien méritée. Elle remercierait cette générosité, mille fois dans son petit cœur, lui enlevant, vraisemblablement, une épine du pied.

La vie prenait tout son sens, savourant les plaisirs simples qui s'offraient gratuitement en présence de ces personnes civilisées. La petite se contentait d'apprécier ce qu'on lui offrait, un moment d'excursion loin de toute brutalité. De la bonté dans leurs cœurs et cette douceur qui se lisait sur leurs visages, ni de faux semblants, ni de railleries, quelques petites flatteries. Cette belle journée déployant toute sa subtilité et sa vive harmonie, les enfants heureux s'exprimant en toute liberté, cette sortie n'a fait d'eux que des mômes épanouis, ainsi ce fut pour Marie. Une tante promettant une prochaine fois, une autre sortie, souhaitant que mère-grand vienne aussi, goûter au plaisir de la vie à un autre moment en leur compagnie.

Que fût-ce ce moment si remarquable, irréprochable en même temps inoubliable. Le cœur se réjouissait encore, invoquant ces précieux vestiges par la pensée, retraçant la grande traversée qui menait vers la découverte de son île. Cette exploration significative montrant toute sa finesse, sa délicatesse et son artifice. Une décadence de couleurs par moment flamboyant suivi d'un arrière-plan grisonnant se transvasant sur du blanc, ressemblant à un graffiti, des motifs dansant sur un large plan. Chaque jour qui passait et malgré le retour à la vie réelle, ressasser ces moments, redonnait pleinement un autre sens et mettait du baume au cœur se disant :

— vivement une autre balade comme celle-ci !

Bientôt les vacances arrivaient à expiration, patientant nerveusement, avec le peu de jours qui restaient, pour rentrer à la maison. Malgré les excès et les intempérances de sa grand-mère, qui continuait à faire son éloge avec mépris, Marie supportait. Le renvoi à la « casa » se faisait attendre, elle portait difficilement ce poids sur ses épaules. La pauvre malheureuse soupirait qu'après ce bonheur de retrouver les siens, l'envie de revoir son grand frère, Marie ne tenait plus en place.

L'attachement qu'avait cette aïeule pour sa petite Émy, regrettant lourdement son départ, optant un amour très peu prononcé pour Marie. Elle jugeait inopportun le comportement de son fils à l'égard de sa dernière. Pourtant l'une ou l'autre était de la même famille, cette grand-mère ne pouvait rien faire face à cette réalité, elle devait accepter son existence. Tiens donc, ne dit-on pas : *« celui qui se délecte à calomnier sur les autres est une créature immonde »*. Elle accordait de l'importance à des choses futiles ne voyant pas que, le père les aimait pareillement. Loïc ne pouvait rester impassible face aux reproches de sa mère, lui traitant de vieille pie à la langue de vipère. Ce manque de respect n'était pas volontaire. Elle le poussait à l'extrême agacement, toujours, lui démontrant son imposante autorité maternelle, l'obligeant à se plier à ses moindres caprices. Elle a su le mettre en colère. Le père, sans aucune retenue, dit ceci :

— D'accord, tes défauts tu les rejettes sur moi. Si c'est comme ça, Marie et Émy ne mettront plus les pieds ici !

Cette phrase sonnait comme une belle victoire, elle avait remporté une autre partie. Elle ravala sa fierté la mémère, toujours à jacasser comme un pie, le fin mot était dit :

— Les filles, ramassez vos affaires, nous quittons de ce pas les lieux et faites vite ! Dit le père en colère, leur laissant, quand même, le libre choix de dire au revoir aux familles qui les ont si bien accueillies.

Arrivederci mamie, et bonjour la fratrie...

Sur la route, Marie ne ressentait pas le besoin de vomir, son père savait qu'elle était sensible au trajet, il maintenait une bonne conduite et évitait de brusquer la voiture. La petite était toute joyeuse de rentrer et de revoir la grande famille, surtout son dada Simon. Dès son arrivée, elle sauta de la voiture pour retrouver son ainé. Marie fouilla toute la maison, aucune trace de ce dernier. Aussitôt, sa mère lui dit :

— Si tu cherches Simon, il n'est pas ici. Il s'est absenté un moment. Va jouer avec les autres en attendant son retour.

Elle s'exécuta gentiment, rejoignant les autres, les regardant faire le pitre devant la petite assemblée. Jérémy et Deck se chargeaient volontairement de distraire ce petit monde, dévoilant leurs stupides grimaces et autres bêtises amusantes. Il était tout naturel que Marie passât de bons moments en leur compagnie. Ici le choix était fait, dans son humble foyer, parmi ces ainés, un regard si gentiment déposé sur chacun d'eux. Ne regrettant pas le moins du monde l'absence de cette vieille bique, l'abandonnant à son triste sort. Elle l'avait bien cherché. Elle ne reverra plus sa préférée, du moins, pour l'instant. Le temps que le père reprenne ses esprits et que le cœur s'attendrit à lui pardonner une énième fois son manque de respect envers les siens. Émy ne sans souciait guère, du moins elle ne semblait pas être touché par les événements, un visage de poupée de cire, n'affichait aucunes émotions.

Parfois, il faut savoir s'adapter à l'image projetée...

Trop longtemps elle était restée chez sa sorcière bien aimée. Maintenant qu'elle faisait partie de cette famille, elle avait tout le temps de prendre ses repères et de se familiariser à cet environnement. Le père a su l'enlever de l'emprise de sa vieille mère, et dès à présent, elle était inscrite dans l'école que Marie fréquentait. Allait-elle les supporter ? À prendre l'habitude de les voir tous les jours et sans interruption ou bien les détester simplement parce qu'on lui avait ôter sa précieuse mémé. Tant de lâcheté chez ce fils qui n'hésita pas à arracher des mains de sa maman son premier enfant qu'elle avait choyé trop longtemps. Tout l'amour qu'elle lui avait offert jusqu'à épuisement, elle ne reverra plus ses petits yeux brillés. Toutes ses joies et toutes ses tristesses qu'elle n'oubliera jamais, cette affection tant partagée auparavant, elle la regrettait déjà. Pauline l'avait vu grandir et s'épanouir sous ses yeux, comment est-ce possible, cette enfant qu'elle a tant chérie est partie et ne reviendra plus. Une grand-mère qui broyait du noir et restait là, assise seule en peine, le regard dans le vide, elle déprimait. Imaginons-la, dans sa folle détresse en pleurant sur ces mots :

— Oh, Émy, si tu savais, tout le mal que ton père m'a fait, en t'arrachant à moi, il m'a brisé littéralement le cœur.

Marie, avait aussi du monde qui l'aimait d'un amour sincère, ni perverti ni vicieux, un seul et ça lui suffisait. Finalement, les choses prenaient une autre tournure, il n'était pas prévu que ces deux sœurs allaient vivre quotidiennement dans la même maison, dans la même famille, parmi les leurs. Une qui, vraisemblablement, jalousait l'autre et l'autre qui acceptait cette union, ces liens du sang qui formaient leur attachement, et en même temps, la cause qui les brisait. Si Émy pouvait, ne serait-ce qu'un moment, capter toute cette énergie positive, elle n'opterait pas pour ce grain de jalousie qu'elle ressentait amèrement pour Marie. Elle ne pouvait nier son existence ni l'éviter. Elle devait s'y habituer, tous les jours et à chaque moment de la journée, peu importe où l'endroit se situait, dans la cour de récré ou à la maison. À l'inverse, Marie était toujours souriante et une bonne vivante, ne lui démontrant aucune violence ni méchanceté. Elle portait en elle une infinie bonté et de la place pour aimer celle qui la repoussait. Quiconque ne pouvait prouver à Émy qu'elle avait tort de se comporter ainsi, ni la faire changer d'avis et d'ailleurs, personne ne s'en préoccupait, ce petit monde s'en moquait littéralement et les petites habitudes passaient avant. Qu'à cela ne tienne, elle devait faire de gros efforts et accepter cet amour que sa petite sœur lui offrait. Pensez-vous que la raison, évoquée ici, est évidente ? Lui offrant une éducation hors de son vrai foyer, proprement dit par sa grand-mère, loin de ses frères et sœurs et telle est l'erreur qui a été commise en l'éloignant de sa fratrie.

Petite parenthèse…

Le temps se conjuguait à l'imparfait, le passé restait vraisemblablement au passé, sur l'instant présent rien ne semble résolu. Là, où l'histoire se situe, la vie suivait son cours, observant la métamorphose de chacun, qu'importe le droit chemin emprunté ou le petit sentier embusqué. Aussi, elle leur donnait l'occasion de tirer profit aux avantages offerts et de corriger en conséquence les vilaines bêtises avant le temps imparti. Ainsi, des écrits s'ajoutaient au livre de la destinée, au fur et à mesure de leurs progrès. Si, un jour, quelqu'un vous dit : *« comprenez donc cette vie et elle vous comprendra aussi. »*

Sachez que le bon et le mauvais se mélangent agréablement bien quand ils ont du savoir-vivre...

Rien était gagné d'avance, par ces écrits, l'épisode n'était pas encore fini. Le deuxième trimestre s'annonçait avec plein de promesses et de rebondissements. Des sorties pédagogiques prévues tout au long des mois, des semaines bien chargées en activités ludiques, sociales et culturelles. Des après-midis, à se soumettre aux séances de lecture pour les petits et des devoirs communs pour les grands. Des tests d'évaluations qui feront bouder les plus paresseux et les moins motivés. Ainsi le temps fut venu où les parents pouvaient crier sur tous les toits :

— Les vacances sont belles et bien finies les petits, réveillez-vous et préparez-vous pour aller à l'école !

Les retards et les absences répétés n'étaient pas approuvés, gare aux enfants qui avaient des moments d'égarement et des oublis. Dans une cour de récré ou le manque de surveillance était négligé, le diable rôdait. C'est sûr que les plus faibles se faisaient tabasser. Les plus forts trouvaient toujours l'occasion d'écraser les plus frêles. Certains diront :

— Ce sont les risques de la vie mon petit, tout le monde y passe, n'y pensons plus, ça va aller. Dis-toi bien que, ce que tu as là, n'est pas comparable à ce que moi j'ai enduré. Ou d'autres inciteront au combat :

— Montre-lui ce que tu vaux, ne te laisse pas faire, t'es fort, t'es un homme.

Tous ses ecchymoses prouveront sa plus grande défaite, les portant comme des trophées, il clamera haut et fort :

— Hourra ! Je me suis fait tabasser, voyez ma récompense.

Et quiconque ne considèrera, en aucun cas, lui montrer un peu de compassion et de compréhension. Combien de coups devront pleuvoir, avant que l'autre décide d'arrêter d'exercer ses poings sur ce petit pantin, qu'il tient d'une main serrée à la gorge, et l'autre donnant des coups portés à son petit visage. De toute façon, Il y aura toujours des écervelés stupides qui se cacheront parmi tant d'autres pour chercher des noises. Résultat des courses, les plus malchanceux vont encore se faire mettre des poings sous La dent, un sadisme qui démoralisera toujours les plus faibles.

Encore des matins difficiles, où le réveil sonnait brutalement, la tête enfouie dans l'oreiller, dur de se lever et se préparer pour aller au bahut. La fatigue se manifestait, les enfants étaient complètement blasés. Chaque jour, les mêmes rengaines, les mêmes besognes, chaque soir se remettre à bosser, s'activer sur les devoirs et les finir à temps pour un lendemain encore plus fatigant que le précédent. La nostalgie des vacances était encore bien présente dans les pensées. La pause bien-être était terminée, il fallait se remettre sérieusement au travail et repartir du bon pied, sinon ce sentiment de dégoût se transformait en aversion. Ça il n'en était pas question, d'une part, faire plaisir à leur maman et de l'autre il valait mieux apprendre que de rester idiot.

Une mère qui se consacrait à son activité, profitant de ces heures de liberté, elle cousait toute une journée. Cette amour pour la couture, elle l'eut au cours de son adolescence. Quand elle se la racontait, elle mettait un point d'honneur à expliquer en détail, l'intérêt porté à en devenir une passion et se transformant petit à petit en un gagne-pain quotidien. Elle hérita des pratiques de sa défunte mère, reproduisant ses propres patrons, ses propres modèles et ses propres créations avec fierté.

— Une couturière à la hauteur de ses compétences ! Disait la clientèle fascinée.

Loïc chef de chantier, réputé pour son habilité, partait très tôt travailler avant la première lueur de l'aube. Il veillait au bon déroulement des travaux tout en gérant les équipes présentes sur le terrain pour une énième construction jusqu'à sa finition. Tous les soirs, il rentrait, épuisé, et s'asseyait un moment pour discuter avec sa bien-aimée et lui raconter comment se déroulaient ses difficiles journées, les enfants écoutaient avec attention.

Les trimestres semblaient bien longs, malgré les petites coupures qui composaient les jours fériés et en particulier les fêtes chrétiennes, des jours qui ne suffisaient pas pour remonter le moral. Les enfants continuaient leur périple scolaire, toujours monter ce petit sentier, rentrer en fin de journée et repartir le lendemain, encore ensommeillés. Heureusement, pour les primaires, le mercredi, l'école était fermée. Les plus grands s'activaient sur leurs devoirs pour ne pas gâcher tout leur week-end. En attendant les prochaines grandes vacances, ils allaient devoir supporter et patienter jusque-là. Gare à ceux ou celles qui emmenaient un bulletin de note peu satisfaisant, sachant que leur mère n'aimât pas jeter l'argent par les fenêtres, si difficilement gagné, elle disait :

— Ces effets scolaires ne sont pas faits pour les chiens. Je ne les ai pas achetés pour faire jolis dans vos cartables non plus, alors vous avez intérêt à en prendre soin et m'emmener de bons résultats, sinon gare à vos fesses !

Les enfants étaient prévenus d'avance. Ils étaient exposés à ces outrances et à ces coups de fouets. Leur mère restait stricte sur certains points, les bons à rien, elle n'en voulait pas. Elle leur donnait une éducation parfaitement normale, traditionnelle mais aussi religieuse, conforme aux règles, datant du siècle, remontant à l'époque des aïeux. Ainsi, elle les rendait grâce, par ses bonnes actions. Elle dédiait son ultime respect à celle qui a su longtemps l'éduquer, avec un degré de sévérité justifié, qu'elle remerciait d'ailleurs, tous les matins, devant la petite chapelle, conçue avec soin, idolâtrant cette statuette de la « Vierge Marie ». Grâce à cette éducation, qui semblait pour elle, avantageuse, elle a su faire face aux difficultés de la vie, la rendant courageuse et solide à la fois. Cet enseignement qui lui a été donné, transmis au fur et à mesure à ses enfants, tout en respectant les coutumes familiales ainsi se mêlant aux coutumes religieuses, attachant une importance capitale au travers de sa véritable foi catholique.

Appartenant à une lignée devenue totalement abjecte, insoucieuse et immorale, elle a su assumer son rôle de dernière-née. Désormais, la jalousie et l'hypocrisie régnaient parmi ceux et celles qu'elle avait côtoyés pendant des années. Ses frères et sœurs se disputant pour ce même héritage, la menaçant et l'insultant copieusement, pour l'obtention de ce bien qu'ils convoitaient sauvagement. Ce lopin de terre qu'elle avait reçu de sa défunte mère, créait vraisemblablement des conflits familiaux. À ce jour, elle occupait ce terrain et cette belle bâtisse, tenant le gouvernail, gérant au mieux son embarcation tout en la protégeant de ces vilains prétentieux.

Des goujats, des maîtres-chanteurs, toute la richesse qu'ils possédaient ne suffisait pas pour combler leur gourmandise. Fallait-il qu'ils viennent encore languir sur ce bien que sa mère lui avait légué. Croyez bien que, de son vivant, elle leur aurait remis vite fait à leurs places et sans retour de discussion. Maintenant que sa mère n'est plus, elle devait faire face à cette difficulté et veiller, à bon escient, sur ce bien qui lui a été si gentiment donné. Ce désaccord n'aura jamais de fin, ils seront toujours là pour la narguer, la guetter, l'épier et lui lancer des balivernes à tout moment. Quelques fois, elle les croisera sur son chemin sans prêter attention à leurs médisances, à leurs parlotes dérisoires qui ne seront, pour elle, d'aucune importance. Elle n'avait aucunement besoin de ces orgueilleux, sa grande famille lui suffisait amplement y compris tous les bons habitants de son petit quartier. Malgré sa modeste vie, elle restait forte face à cette mésentente familiale. Ni un quelconque tribunal, ni un notaire à son juste titre ne pouvait contester ce testament dédicacé en son nom. Essayer de l'extirper entre ses mains, n'en voulait pas la peine. L'emploi de diverses menaces injustifiées, ne servait à rien non plus, à moins qu'elle succombât d'une crise cardiaque et l'affaire était réglée. Pas avant longtemps, elle avait un cœur solide comme un roc. Lui marcher dessus, était totalement inutile. Il fallait se faire une raison, oublier ce mal entendu une bonne fois pour toute et rester à l'écart.

Pas besoin d'une grande réflexion pour un tel dilemme, le choix était fait et pour le bien de tous d'ailleurs. Cette parcelle, sacrilège que dis-je, le mot est faible, ces hectares de terrain ont appartenu longtemps à sa mère et bientôt chacun aura une partie, à part égale et sans favoritisme. Voilà pourquoi ses ainés disputaient cet héritage, il n'y avait pas qu'un petit lopin de terre mais bien plus que ça dans cette affaire. À cette époque, la liberté était à chacun de faire ce qu'il voulait de son terrain, les restrictions étaient des moindres. Certainement, il y avait des conflits entre les familles mais celui ou celle qui détenait un titre de propriété bénéficiait énormément d'atouts, et surtout comment faire de bons investissements sur les terrains. Liliane, fille de paysanne, quitta très jeune l'école pour se consacrer à sa vie de femme et de mère jeune adulte, avait très peu de connaissance sur le bien patrimonial et comment le faire tourner à son avantage. Elle avait un trésor inestimable entre ses mains, fructifier ce bien était pour elle impensable. Elle ne réagissait pas, de peur de perdre cet héritage. Elle se suffisait de ses maigres rentes, même si parfois elle serrait la ceinture à ses enfants. Elle disait :

— Il est encore trop tôt pour s'en occuper. Ce jour arrivera où chacun aura sa part et saura comment gérer son bien.

Mais bon sang ! Quelle écervelée, remettre à plus tard quelque chose qui aurait pu la rendre sacrément riche. Son esprit était totalement fermé sur le monde extérieur, son île suffisait pour combler ses envies de sorties. Loin d'elle l'idée de sauter la mer pour une autre terre, il n'en était pas question. Elle voyageait à travers des magazines et des reportages télé, que des rêveries sans grand lendemain. Ses enfants se soumettaient à sa condition de vie. Les pauvres, ils auraient aimé voir autre chose que des paysages miteux, voir du monde, partir loin d'ici et visiter d'autres lieux. Des vacances de rêve dit-on, loin de son pays, de ses origines, pendant une courte période peut-être mais, le cœur se soulagerait des habituels soucis. Une mère qui se préoccupait d'elle-même et pourtant elle avait le sens de la famille, le goût de vivre, le sourire à pleine dents, rien ne l'empêchait de voir plus haut et plus grand. Ce problème devenait psychologique, menaçant pour ses hôtes, ces énervements se justifiaient par des coups de colères incompris, ce manque de communication l'étouffait gravement et elle ne voyait pas plus loin que le bout de son nez. Le titre de bonne couturière était collé sur sa personne mais elle ne faisait que très peu de profit, ces temps-ci. Malgré tout, Loïc se décarcassait au travail pour compléter le revenu. Il fallait bien rapporter au nid de quoi nourrir la famille, un travail stable et le courage de se lever tous les matins pour revenir, au soir, sain et sauf à la maison. Son métier n'était pas des plus faciles, le risque de se faire tuer était bien présent. Il travaillait sur des zones exposées et mettait sa vie en danger. Que pouvait-il faire d'autre, à part bosser comme un dingue pour payer sa nouvelle Ford. Lui aussi avait ses petites rêveries, comme la plupart des gens d'ailleurs, le devoir d'un père était rude et épuisant. Malgré les difficultés rencontrées, il ne pouvait plus pleurer sur l'épaule de sa mère, un total désaccord qui les opposait. Revenir sur sa décision était pour lui impossible. L'adage semblait convenir à cet effet : « l'homme quittera son père et sa mère, et s'attachera à sa femme, et les deux deviendront une seule chair ». De cette union sortira un, deux, trois, quatre, voire une multitude de petits avortons qui subiront les affronts de cette société sans pour autant être prêts à l'accepter :

— Vas-y, petite graine pousse sur cette terre fertile, et devient ce rejeton incarné dans ce corps emprisonné. Ce propos ressemblant pareillement à ce qu'on appelle l'ironie du sort.

Loïc s'interrogeait sur ce qu'il adviendra, si par accident, il lui arrivait malheur :

— Que deviendront mes enfants, si je meurs ? Cette réflexion traversa son esprit délibérément.

Penser que Liliane devait, encore une fois, relever le défi, un autre deuil l'anéantirait totalement. Une ribambelle qui attendait chaque jour d'être nourri et chaque jour leur suffisait de voir leurs parents réunis malgré le peu d'argent qu'ils avaient, ils se contentaient de peu de chose. Quand bien même, ils étaient grassement récompensés, voire, lors de la dernière Festivité. Ces enfants se réjouissaient de cette condition de vie et l'acceptaient. Le peu de remerciement qu'ils pouvaient offrir, en attendant qu'arrivent les fêtes données en leur honneur, était ce petit présent confectionné avec soin à l'école. Cette approche était attendue, les enseignants se préparaient à l'avance et démontraient toute leur gratitude aux parents qui leur accordaient un peu de confiance. Un casse-tête qui revenait tous les ans, les poussant éventuellement à trouver des idées cadeaux fait-main et peu couteux. Le budget de l'école ne tenant que dans un minuscule porte-monnaie, il était demandé à chacun d'apporter des objets de récupération et des bricoles conformes à une utilisation facile. L'atmosphère étant chargé en émotions, les enfants savouraient ces précieux moments, une période d'activités qui les égayait s'étalant sur des après-midis qui remuaient en eux des joies secrètes. Et quand vint le temps des fêtes, la surprise fut grandiose, les parents apprécièrent leurs magnifiques bibelots, accompagné d'un petit poème les définissant par les justes mots. Après tout, ce n'était que des enfants respectueux et attentionnés, cette occasion leur avait permis de montrer toute la reconnaissance qu'ils avaient envers leurs apparentés.

La veille de la fête des mères, Simon était rentré. Son acte de présence soulageait les cœurs, surtout, celui de sa maman qui s'inquiétait. Et puis, trop longtemps il était parti et elle lui manquait énormément. Même si elle n'avait pas l'habitude de faire des câlins à ses enfants, intérieurement elle se réjouissait de le voir vivant. D'autre part, Simon avait des choses urgentes à régler, il ne pouvait rester trop longtemps, il fallait qu'il avertisse sa mère, sans trop tarder. De ce fait, il attendit le moment favorable, dans la journée, pour avoir une petite discussion :

— Maman, je veux que tu saches que je t'aime très fort et crois-moi, sans blesser ton petit cœur, j'aurai préféré rester plus longtemps. Malheureusement, je dois partir très tôt demain.

— Et pourquoi donc ! reprit sa mère.

— Parce que c'est très important, mais ne t'inquiète pas, je reviendrai avec une grande surprise et tu seras très contente. Je vais vers le nord juste pour régler quelques affaires, je ferai attention. Je sais que tu ne l'aimes pas et tu as tes raisons de le détester, tonton Georges va m'accompagner. À ces mots, sa mère ne l'entendait pas de la bonne oreille :

— Oh mon dieu, sacrilège ! Bien sûr que j'ai mes raisons, Georges, cet incapable se joint à toi. Tu te fies à lui les yeux fermés, comme ça ! en affirmant un claquement de doigt. Crois-moi Simon, à ta place je ferai plutôt confiance à un âne qu'à un être aussi absurde, c'est un casse pied et un bon à rien. Dis-moi que ce n'est pas lui qui conduira, mon fils. Si c'est lui, j'ai énormément de soucis à me faire.

— Maman, tu vois, tu t'inquiètes déjà, j'aurais mieux fait de ne rien te dire !

— Simon, comment veux-tu que je ne m'inquiète pas. Tu es mon premier fils, chair de ma chair, sang de mon sang, je ne veux pas qu'il t'arrive malheur. La vie d'une mère n'est pas facile, je me soucie chaque jour pour tous mes enfants, en particulier pour toi. Tu es tout le temps absent. Depuis que tu travailles avec ce chenapan, tu oublies ta vraie famille, tu donnes trop de ton temps à ce minable asservi par Satan ! Liliane resta silencieuse, devant son fils qui la regardait avec peine. Le pauvre, il comprenait l'inquiétude de sa mère et puis, parfois, un petit câlin suffisait pour calmer la tension, il l'a pris dans ses bras et la serra très fort contre lui.

Liliane faisait confiance à son fils, mais pas à ce crétin de Georges. D'ailleurs il l'avait menacé pendant les fêtes totalement bourré le bougre. Et maintenant, après le père, il s'emparait de son fils, il le tenait en otage. Simon avait un cœur rempli d'amour et de gentillesse et mettait trop d'attachement aux personnes qu'il estimait. Quiconque ne pouvait et ne savait comment lui faire changer d'avis. Il avait tellement de respect et de la considération pour ce vaurien. Quand bien même, il aurait sacrifié sa vie pour le sauver s'il le fallait. Tant pis, si c'était ainsi, il fallait profiter de l'instant présent en sa compagnie et faire de cette fête un moment épanouissant. Simon lui offrit son petit présent en tout honneur et sincérité, la remerciant pour sa bienveillance et tout l'amour qu'elle lui donnait. C'était un soulagement de la voir souriante et en bonne santé. Rien de tel pour soulager le cœur d'un fils qui aimait tant sa mère et sa grande famille. Sans oublier bien sûr, son beau-père, en souvenir de leur grande amitié, lui offrit une belle montre dorée. Il était tellement heureux parmi les siens. Marie, il l'adorait tellement, il ne manqua pas de lui faire beaucoup de câlins. Pendant la petite balade, il profita de ce court moment pour lui dire ces quelques mots :

— Marie, viens là ma puce, assieds-toi sur mes genoux, ton dada va te parler et écoute bien ce que je vais te dire. Tout d'abord, dis-moi si tu aimes ton grand dada ?

— Je t'aime très fort, plus que le ciel, plus que la terre, tu es mon grand frère dada chéri. Je t'adore, tu sais ! Sur ces mots, elle l'embrassa sur la joue.

— Alors, écoute, je pars pour un long voyage, reste bien sage en mon absence et ne te fais pas crier dessus. Tu es une grande fille maintenant, tu es en âge de comprendre ce qu'on te dit. Dis-toi, que je suis toujours dans ton cœur et que notre amitié est sincère, personne ne pourra nous l'enlever. Il la serra contre lui et resta un petit moment, appréciant cet instant affectif. Marie, très soucieuse, répliqua :

— Tu reviendras, hein ! Dis, tu me promets ! Son petit regard était rempli de tristesse.

— Oui, ne t'en fais pas, ma puce, ton dada veillera toujours sur toi. Rentrons maintenant, Les autres vont se poser des questions s'ils s'aperçoivent de notre absence ! Ils marchèrent sans se presser et arrivèrent à leur destination.

Ce spectacle était d'autant plus alarmant qu'elle ne put enlever son regard sur eux. Ses yeux pétillaient de colère en les voyant débarquer comme des potes, le sourire aux lèvres, la joie qui se lisait sur leur visage, voir tout ce côté amitié imbibait son cœur de haine. Émy portait en elle tant de jalousie qu'elle aurait pu éliminer sa petite sœur pour lui voler sa place, si cela lui était permis. Cette fraternité qui continuait d'exister et brûlait comme une incandescente flamme, était bien présente et ses yeux ne pouvaient l'éviter. Envier cette relation fraternelle, était totalement inutile. Ce choix était fait, des inséparables, dit-on, d'un amour sincère que personne ne pouvait dissocier, à part la mort. Probablement, en observant cette belle camaraderie et en analysant bien la situation attentivement, les choses deviendront plus cohérentes dans sa petite tête. Si au moins, elle s'efforçait d'observer d'une manière certaine, deux êtres qui s'apprécient mutuellement la poussera à mieux comprendre la situation. Ainsi sa jalousie s'apaisera fortement pour la petite Marie. Qui sait, viendra certainement ce jour où elle remplacera le grand dada.

Avant de partir, Simon glissa un petit mot sur la commode, et disparu dans cet épais brouillard. Il était dix heures, les plus grands se réveillèrent sans se hâter. Les petits, encore dans leurs rêveries divagantes, restèrent recroqueviller sous leurs draps, profitant du week-end pour une grâce matinée bien reposante. Le père et la mère étaient sur pied depuis une bonne heure. Ils eurent le temps de prendre leur petit déjeuner avant que les marmots viennent les déranger. Aussitôt debout, le reste de la petite troupe suivit la cadence matinale, un par un, procédant par étape, fit leur petite toilette quotidienne et alla se remplir la panse avant d'aller jouer. La mère fit quelques rangements, mit un peu d'ordre et en entrant dans la chambre où Simon créchait, elle aperçut cette lettre. Au début, que des mots affectueux pour dire à quel point il les aimait. En continuant la lecture, la dernière ligne attira son attention, une inquiétude se prononçait sur son visage :

« … *Ne vous inquiétez pas pour moi, mes chers parents, même si la mort me suit, je la combattrai. Je vous reverrai peut-être dans l'au-delà si j'échoue.*

Fais de gros bisou à Marie et dis-lui que je l'aime à l'infini. Au revoir. Votre fils qui vous apprécie. »

Qu'est-ce que cela signifiait et comment allait-elle interpréter ceci *« ... la mort me suit... »,* tant de questionnements qui demandaient des réponses. Elle fit part à Loïc de cette mystérieuse découverte. Lui-même ne comprenant pas son sens, il s'interrogea. Cela ne pouvait être une lettre de suicide, son fils n'était pas du genre, lui qui était toujours souriant et de bonne humeur ou n'était-ce qu'une vilaine plaisanterie de sa part. Immédiatement, un grand frisson d'angoisse prit tout son être. Son sang ne fit qu'un tour après avoir lu, maintes fois, cette lettre, totalement inattendue. Ce mot *« mort »,* invoquant des souvenirs macabres, tout ce qu'elle a pu subir pendant l'enterrement de sa mère et celui de son ancien mari. Elle ne put retenir ses larmes, éclata en sanglots, tenant fermement dans sa main ce petit mot. Comme si cela ne suffisait pas, le malheur semblait se jouer d'elle une fois encore et un de ses proches était plus que concerné. Même si le conflit persistait entre eux, il fallait se rendre immédiatement chez ce bougre infame et trouver des réponses. Loïc se porta volontaire pour tirer cette affaire au clair. De ce pas, il s'empressa d'y aller, laissant Liliane seule dans son désarroi.

— Pourvu que Loïc m'apporte de bonnes nouvelles ! se disait-elle avec ce chagrin qui alourdissait son cœur.

Elle ne cessa de prier son dieu, la vierge Marie, les anges et tous les saints demandant de lui venir en aide et de ramener vivant son fils bien-aimé. Des questions, elle se les posait, toute seule assit sur son tabouret :

— Tout le temps passé avec nous, pourquoi ne s'était-il pas confié. Je comprends bien que les enfants n'aiment pas parler des choses importantes à leurs parents, mais ne pas discuter des problèmes qui mettaient en alerte... Que dois-je faire, maintenant qu'il est loin, il semble être en grand danger. Mon fils, que vais-je devenir sans lui s'il quittait cette terre ? Aurais-je la force de supporter, une autre perte ! les mauvaises pensées fusaient, descendant au plus profond de son abîme, ramenant à la surface les pires horreurs inimaginables à ce jour jamais déterrer.

C'est vrai que Simon ne parlait jamais de ses petits soucis. Quand il débarquait, la plupart du temps à l'improviste, il était toujours enthousiaste, il ne cachait pas sa joie. La famille était trop importante à ses yeux, il ne manqua jamais de faire, quand il avait du temps, un petit tour pour vérifier si tout allait pour le mieux. Puis s'en allait, le cœur léger se satisfaisant de ces retrouvailles. Sa mère voyait bien qu'il s'inquiétait un tout petit peu, elle observait sans rien dire. Mais, à cet instant précis, c'est elle qui se faisait du souci pour lui. Loïc semblait s'être absenter trop longtemps, elle attendait depuis un bon moment son retour. La force l'avait quittée. Tout son être se vidait de l'intérieur, comme si une main passait au travers de son corps et lui arrachait ses tripes à vif. Ses membres supérieurs se surchargeaient de lourdeur pareillement à des poids qui pendaient à ses extrémités et les empêchaient de bouger.

Pauvre bonhomme, comment puisse-t-il être ainsi, se retrouver dans un engrenage aussi déroutant. L'heure était pour lui d'affronter son ultime besogne, même si son esprit n'acceptait pas cette éventualité néfaste.

— HÉ ! OH ! Y a quelqu'un ! Une fois.

— Est-ce qu'il y a quelqu'un ! Deux fois.

La troisième fois, il s'énerva. Loïc ne put se retenir, il cria si fort que les voisins d'à côté firent surpris.

— Répondez bande d'enfoirés, y a du monde qui vous appelle. Ouvrez ces rideaux et montrez-moi vos gueules. Sortez de chez vous, j'ai besoin de vous causer !

La situation devenait pressante, les heures se défilaient à une vitesse alarmante. Il fallait obtenir des réponses positives pour soulager le cœur de sa reine. Apparemment, personne n'était présent, plus d'une fois qu'il appelait, aucune réponse. Voyant que Loïc s'inquiétait, une de leurs voisines lui fit part de leur absence et qu'elle ne saurait lui préciser l'heure exacte de leur arrivée. Quelle décision prendre ? Rester là, à attendre devant leur maison jusqu'à leur retour, ou rentrer bredouille avec le peu d'information qu'il avait. La suite ne prédisait rien de bon, cette histoire avait l'air d'être sérieuse et préoccupante. Il marchait de long en large, tournait comme un ours en cage, attendant patiemment devant ce portillon miteux. Il alla déverser toute sa colère sur le tronc le plus proche et cogna si fort que ses poings se mirent à saigner. Il mettra un petit pansement et Liliane ne verra rien, du moins il l'espérait. Et puis il s'en foutait complètement, blessure ou pas, rien ne pouvait changer cette situation. À dix-sept heures, le soleil ne tardait pas à se coucher, il était encore à son poste, guettant manifestement leur arrivée, rien à l'horizon n'apparaissait comme des vivants qui rentraient chez eux.

Il attendit encore quelques minutes et prit la décision de rentrer. Tout espoir était vain et inutile d'insister et d'espérer, la nouvelle n'était pas croustillante et il fallait l'annoncer à Lili.

Il rentra à la maison, le visage décomposé, une moue grimaçante, le regard inquiet et mit si peu d'enthousiasme dans sa démarche rude pour faire comprendre à Liliane que les nouvelles n'étaient pas bonnes. Loïc alla droit au but, donna une réponse incommodante et sans éclat :

— J'ai longtemps attendu, la maison est restée fermée depuis tout ce temps. Je n'ai aucune nouvelle à t'apporter. Désolé Liliane, j'aurai aimé faire plus que ça, crois-moi, et puis il n'y a pas lieu de s'affoler. Pour le moment rien n'est critique, attendons encore un peu, nous verrons s'il y a des représailles.

— Oui, tu as raison. Nous allons rester à l'écoute et nous verrons bien. Quoi qu'il advienne, nous ferons face à cette situation. Du moins, si j'ai assez de force en réserve pour tenir le choc. J'aimerai que ce malheur prenne une autre direction et que mon fils revienne de ce pas à la maison. Elle se retrouva dans un sommeil semi comateux, quand soudain surgissant de nulle part ce cauchemar, lui dévoilant cette vérité amère :

« *Être optimiste est un combat, accepte la défaite et repends-toi à tes ultimes déboires. Vois pourquoi les choses sont ainsi et ne mets quiconque en proie de tes mauvaises actions. Tes douleurs resteront au fond de ton cœur et subit encore une fois ce courroux qui enfreint les règles de l'humanité.* »

Tant de choses se sont passées, tant de choses auraient pu être appréhendées, encadrées et préservées. La vie est continuellement en perpétuelle mouvement et rien ni personne ne pourra changer le destin de chacun. Aussi absurde que déplorable, les larmes seront toujours déversées.

Un être cher existe toujours en nous tant qu'il habite nos rêves...

Vacances scolaires, Août 1982

Dans la nuit du mois, dit « *Assomption de Marie* », en plein hiver austral, Simon est transporté à l'hôpital le plus proche, dans un état critique. Malgré les progrès de la médecine, aucun chirurgien n'espérait pour lui un retour à la vie.

Sacrilège, la nouvelle allait s'étendre au-delà du comté et ébranlée plus d'un, certainement jusqu'aux portes de ses ennemis. Allait-elle tenir le choc en apprenant que son fils était aux confins de la mort. Elle allait connaître la nuit la plus noire et la plus sombre de toute son existence. Malheureusement, son dieu, qu'elle priait tant, avait décider autrement. Elle était avertie, quelques heures plus tard, par la gendarmerie, après l'arrivée de Simon à l'hôpital central, transporté directement en urgence absolue. Une reconstitution de ses organes touchés qui dura une éternité mais qui ne semblait pas être suffisant pour le sauver. Elle gueula de toute ses forces, extirpa de son corps meurtri toute cette colère, voyant son fils étalé sur son lit de mort :

« — Non, non, non, non ! Pas Simon, pas lui, pas mon fils. Ne me dites pas qu'il va mourir. Faîtes quelque chose pour le sauver je vous en prie ! »

Ses pleurs et ses cris déchirèrent le silence dans lequel était plongée le corridor. Ses mains levées vers le ciel, suppliant à l'éternel son dieu, si vraiment il était juste et bon, de lui ôter cette atroce souffrance et ramener son fils à la vie. Et face à cette terrible détresse, les cœurs étaient suffisamment accablés pour supporter cette tristesse. La douleur était tel un poignard en plein cœur, sans pitié apparente, la tenant à sa merci et qui continuait de la trancher de l'intérieur. Maudit soit-elle ! Que d'innombrables deuils qu'elle portera avec bravoure, tout au long de son existence. Les vêtements tachetés de sang, qu'elle ramenait les quelques soirs, pour passer au lavoir, l'épuisait terriblement. Et le temps qu'elle séjournât difficilement à l'hosto tout en espérant un espoir de survie. Ce fut ainsi les obsèques de son fils chéri.

Une grande communauté se joignait à la veillée. Par condoléance, prit part à la douleur de la famille Hacquett, faisant don de ces quelques offrandes et objets précieux, non pas pour apaiser cette souffrance que tant d'êtres humains étaient confrontés, mais juste le temps d'un présent avant son enterrement. Telle était la tradition de ces croyants, qui selon eux les morts partaient le cœur heureux.

Voici venu le jour où une mère pleura son enfant, le fils ainé qu'elle avait tant chéri était parti, laissant derrière lui sa précieuse famille et sa petite Marie. Qu'allait-elle devenir sans lui, comment réinventer un héros comme lui, son grand dada Simon n'existait plus. La vie allait être difficile à surmonter, une mère complètement épuisée par cette épreuve, la force lui manquait pour continuer à espérer de cette réalité un total rétablissement. Il était tout juste, dit-on, victime d'un carambolage, provoqué par un individu totalement bourré. C'était, sans aucun doute, son destin et personne ne pouvait contrer cette fatalité.

Loïc était face à cet événement douloureux. Il ne sut comment apaiser les malheurs de Lili. Il fallait absolument prendre le relai, assumer son devoir de père et attendre que la douleur s'estompe. C'était une première, s'occuper de ses enfants en rentrant le soir après le boulot et faire à manger pour ce petit monde, ce n'était pas une mince affaire. Heureusement que certains étaient grands et en âge de comprendre une telle situation, leur coup de main n'était pas de refus. Les jours, les semaines, les mois passaient, sans aucune réaction de la part de Liliane, qui restait meurtrie face à sa douleur. Elle ne se nourrissait presque plus, son moral avait pris un sacré coup. Malgré tous les efforts considérables, Loïc ne pouvait l'extirper de sa torpeur. Comment fallait-il la remettre sur pied, malgré cette énorme perte, lui faire comprendre que la vie continuait et que Simon ne reviendra plus. Une énième fois, il essaya :

— Liliane, tu dois te ressaisir, tes autres enfants ont besoin de toi. C'est sûr qu'il est difficile pour toi de reprendre les choses là où tu les as laissées. Au temps pour moi, aussi il est extrêmement délicat de m'en remettre, crois-moi, ce n'est pas comme ça, que tu arrangeras quoi que ce soit. Simon est encore là, parmi nous, dans notre cœur tout en veillant sur nos personnes. Maintenant, il est notre protecteur, ton protecteur. Relève-toi et remettons les choses en ordre ! Marre pour lui d'attendre que Liliane revienne de son terrible combat et d'être soumis à ces ultimes besognes. Il n'espérait qu'une chose, qu'elle reprenne sa place de femme au foyer.

— Loïc, laisse-moi seule, j'ai besoin d'un peu plus de temps pour effacer cette chose horrible dans ma tête. Ces pensées me font encore mal au cœur, je ne peux vraiment pas me mettre sur pied pour l'instant. Je suis désolée, continue de prendre le relai, ne t'inquiète pas, je reviendrai de ce pas, j'arriverai à m'en sortir. Ce n'est pas la première fois que ça m'arrive, j'y arriverai, encore une fois je te le dis !

— Si tel est ton souhait, j'attendrai que tu reviennes parmi nous. Mais fais vite, avant que le temps nous rattrape et fasse de nous des morts vivants !

— J'y songerai ! répliqua Liliane amèrement.

Encore une énième fois qu'il rata son essai. Loïc ne baissait pas les bras. Devant lui se tenait un gigantesque mur, mais comment l'escalader, il n'en savait rien. Peut-être simplement le contourner ou l'éviter. Ce serait considéré comme une trahison si le fait de mettre les problèmes de côté et partir de là sans se retourner. Non, il n'était pas le judas que l'on pouvait prétendre et puis toute la communauté se tournerait contre lui. Loin de lui cette idée, d'être l'immonde bête portant ses cornes avec fierté. Une grande amitié était en train de se développer avec ce fils qui les avait quittés si brusquement. La douleur était féroce tant pour Liliane que pour lui. Malgré sa stature imposante, personne ne l'interdisait de pleurer toutes les larmes de son corps. Ne dit-on pas que : « *l'humain reste faible dans sa chair, face à ses remords et à ses peines mais la difficulté ne lui fait pas peur.* »

Marre pour lui, d'entendre sa petite Marie lui réclamer, quand est ce que son grand dada Simon revenait, il ne put répondre à cette triste demande. Son absence semblait lui manquer. Fini le temps des retrouvailles, d'une promenade et d'un câlin, ce grand frère a su choyer, consoler et guérir ses petites blessures. Fini le temps où il apporta toute la joie, le bonheur et la tendresse à cette famille. Maintenant qu'il n'est plus, cette petite sœur allait souffrir de ce vide affectif.

L'horreur était bien présente, mais il fallait reprendre goût à la vie et remettre les roues sur les rails. Ce qui devait arriver, arriva et personne n'avait le pouvoir de faire un retour dans le passé et effacer cette monstrueuse histoire. Aussi difficile qu'il parût, Liliane dut faire un premier pas vers ses proches et reprendre petit à petit ses vieilles habitudes. Le cœur encore aigri par tous ces événements, elle restait muette comme une carpe, n'adressant aucunement la parole à ses enfants. Son deuil était loin d'être fini, toute une année entière pour que le temps puisse effacer une infime partie des douleurs. Sur le moment, elle s'adonnait à quelques retouches sur des petits accessoires qu'elle avait fabriqués auparavant. Marie voyant sa mère sur pied, dans un élan qui faillit la faire trébucher, elle accourût vers elle et lui demanda :

— Maman, maman, quand est-ce que dada Simon revient. Hein, dis ! Quand est-ce qu'il revient nous voir ! La petite attendait une gentille réponse de sa part mais quelle fut la surprise qui l'attendait. Elle lui proféra ces vilains mots en se levant de son siège :

— Hors de ma vue petite sotte. Pourtant tu étais présente ce jour-là. Ton frère Simon est mort et enterré, tu le fais exprès ou quoi !

Elle saisit d'une main son épaule et la poussa avec force, loin devant et sans vergogne, la regardait, avec des yeux carminés de sang, perdre son équilibre. Par cette action déplorable, sa tête se cogna contre le mur. Elle exprimait toute cette rage qu'elle avait trop longtemps gardé dans son corps meurtri et qui bouillonnait encore en elle suffisamment pour mettre en pièce des tas de choses. De plus belle, elle reprit et cette fois-ci, ce n'était plus de la colère mais une haine qui dépassait la mesure.

— Il est mort, je te le dis encore une fois. Rentre ça dans ta cervelle de moineau. Et n'oublie pas, il ne sera plus là pour te chouchouter comme il le faisait auparavant. Maintenant vas t'en d'ici, je ne veux plus te voir, petite espiègle ! » Marie pleurait toutes les larmes de son corps. Émy tenta de la consoler, la prit câlinement dans ses bras comme l'aurait fait son grand dada Simon.

Son comportement changeât littéralement après ce passage désobligeant, une réalité qu'elle devait accepter, qui aigrissait ses sentiments et la rendait acerbe de jour en jour. Cette mère, que la haine rendait complètement aveugle, n'arrivait plus à différencier le bien du mal. Aucune place pour la sérénité, il ne lui était plus possible d'entretenir ce calme intérieur. Toute cette colère qu'elle accumulait, au fur et à mesure, elle la dévoilait au grand jour. Elle détesta cette maudite maison et toutes les choses qu'elle y tenait. Tant d'événements se sont produits, que d'innombrables deuils qu'elle traînait encore à ses pieds, l'inceste prit une place prépondérante dans son foyer, dominant son esprit accablé, rendant son âme vicieuse et l'a rempli d'actions malsaines et incontrôlées.

Malheur à l'enfant qui nait et qui subit...

Elle donna, sans le moindre remords, sa première fille ainée à son concubin. Maëlle était encore toute jeune et naïve, sa puberté était acquise, ce mâle incarné ne se gêna pas pour abuser de ce beau présent si gratuitement proposé. Il cachait bien son jeu le malotru, il se régalait déjà de cette offrande avec des yeux pervertis et désireux. Il aurait pu rejeter son offre en déclinant respectueusement cette opportunité. Il avait envie d'elle, envie d'y goûter et de jouir profondément dans son intérieur. En vérité, il attendait néanmoins sa belle récompense, une autorisation pour cueillir la jolie petite fleur dans le jardin de sa bien-aimée. Ce miel qui semblait si délicieux, en aucun cas il ne le laissera pas déverser autre part, que seulement dans sa vilaine bouche. Trop longtemps, il se languissait de la voir dans son lit. Naturellement, il ne pouvait pas quitter cette famille sans avoir goûter au fruit défendu, ne serait-ce qu'une seule fois. Un beau-père ingrat et indigne, tout le temps, à se faire passer pour un saint, pour quelqu'un de bien, de généreux, en qui on pouvait avoir confiance. Qui l'eut cru ? Personne ne voyait venir cet acte si abominable qui mettait en péril la vie d'une jeune fille sans défense. Une telle injustice aurait dû être dévoilée au grand jour et être puni à sa juste valeur, mais non, il n'en était rien. Maëlle n'a pas su dire la vérité, ils l'intimidaient par de cruelles menaces. Cela représentait un risque si elle se confessait à autrui. Difficile de continuer les cours au lycée, difficile de concevoir qu'elle était belle et bien victime de cette aberration, un sentiment de dégoût l'empêchait de continuer à vivre dans son espace vital sali notamment par cet être méprisable. Ainsi fut sa maigre récompense, elle quitta les études bien avant d'obtenir son diplôme et resta à la maison pour faire quelques corvées et entama une grossesse non désirée. Une mère aussi satanique que le père, qui se délectaient de leurs perversités. On aurait dit d'horribles monstres apparus sous des formes humaines qui avaient pour mission de dénigrer les êtres inférieurs. Perdue dans sa petite bulle, Maëlle se cachait dans un petit coin et pleurait à chaudes larmes. Chaque jour qui passait, la rendait encore plus malheureuse et personne ne pouvait calmer son chagrin, même pas ses frères et sœurs. Elle s'interdisait de raconter, de peur de se faire trancher la tête par ses bouchers. Satan a su faire d'eux ses disciples, ils veillaient à ce que ce petit vienne au monde sans encombre. Ainsi elle portait en elle ce rejeton qu'elle détestait véritablement, annonçant cette maudite naissance pour l'année suivante.

Année 1983

La famille déménagea et emporta dans leur bagage un nouveau-né. Ce fils rejeté par sa mère maternelle, que la mamie s'engagea de s'en occuper, gracieusement. Le bébé de son mari qu'elle tenait dans ses bras faisait sa grande fierté. Elle laissa à l'abandon un héritage, qui semblait inutile à ses yeux. Elle cracha sur son bien familial et n'eut aucun remords de débarrasser les lieux. Une nouvelle vie qui commençait, entre autres, un renouveau qui semblait agrémenter, encore plus, l'aspect de son être aussi répugnant à ce jour. Elle devenait encore plus immonde qu'auparavant et se réjouissait de cette méchanceté. Maintenant que son dieu l'avait totalement abandonné, en prenant, sans rémission, son fils

ainé, elle était devenue l'adepte de ce diable qu'elle vénérait.

Chapitre trois

Une cruauté insatiable…

Parcourir toutes ces routes pour une nouvelle destination, était-ce une bonne solution ? Abandonner sa ville natale pour atterrir dans une cité béton, totalement inconnue et qui sait, peut-être dangereuse. Il leur fallait le grand air et du changement, certainement, mais cet endroit était inapproprié. Certains regretteront cet oxygène pur que la nature leur avait offert. Inutile de vouloir faire un retour en arrière, le consentement était donné, ils allaient respirer à plein nez cet air pollué. Tous les gens des hauts et même ceux qui vivaient dans la brousse, savaient que la puanteur qui se dégageait dans les grandes villes, était immonde et rendait la santé fragile. Pour rien au monde, ils ne quitteraient leur établi pour s'installer dans une écurie souillée par la vermine. Non, rien ni personne ne leur fera changer d'avis, même pas pour l'échanger contre une somptueuse argenterie. Leur mère avait complètement perdu la boule et quiconque ne pouvait contester ses délires. Ils étaient sous ses ordres et tout enfant qui protestait avait la râclée de sa vie. Une autre caricature d'elle-même qui se dévoilait, ne ressemblant aucunement à une certaine mère qui, bien avant la mort de Simon, avait un semblant de bon cœur. Elle apparaissait plutôt comme un démon cornu usant, sans scrupule, la méchanceté pour arriver à ses fins hideuses. Les seules qui en payaient le prix, étaient ses filles, contrairement à ses garçons, elle démontrait ouvertement ce délicieux favoritisme qu'elle agrémentait avec une petite touche customisée pendant qu'elle gâtait son petit. Un diable au corps qui lui montait forcément au cerveau, on aurait dit un véritable drogué en manque d'ecstasy, elle en abusait, c'était incompréhensible. Pourquoi cette soudaine aversion pour ses petites, elles qui restaient toujours sages attendant les ordres d'une psychopathe en phase de mutation. Il fallait faire justice auparavant pour avoir la conscience tranquille et permettre aux autres de vivre normalement. Pourquoi se laisser envahir par l'amertume et la rancœur et venir ainsi se venger sur ses progénitures. Des boucs émissaires allaient-elles devenir ? Ou des cendrillons qui allaient bientôt savourer la féroce colère de leur mauvaise mère ? Contrairement à l'histoire, aucun prince ne viendra les sauver. Ce petit moment d'angoisse et de frayeur qu'elles eurent pendant le trajet, quand leur mère leur lança un regard obscurci par la haine. Cette attitude irrévérencieuse envers deux jeunes enfants innocents était inadmissible. Était-ce chose ingrate d'être née fille ou était-ce pour elle, une façon de rabaisser la gente féminine en les prenant pour cible et abuser de leurs fragilités. Pourquoi les avoir enfantées si maintenant elles devaient subir sa colère, son dégoût pour la vie et son incapacité de contrôler ses féroces émotions. Les filles n'étaient aucunement responsables de la mort de leur grand frère, elles méritaient plus de considération, plus d'amour et plus de compréhension. Son comportement était injustifié, détester ses petites pour obtenir le trophée de la médiocre mère de toute l'histoire ou était-ce là, sa belle récompense pour satisfaire sa maigre victoire. Maintenant, qu'elle a su tirer profit de sa première née, en la transformant en prostituée, il ne restait plus que les deux dernières attendant promptement leurs viles sentences. Une complémentarité qui suffisait pour faire de sa demeure une maison close et utiliser à bon escient ses fidèles sujets, jusque-là, il lui aurait fallu beaucoup plus d'audace. Elle pouvait faire mieux que ça la grosse Lili, leur infliger d'atroces souffrances et leur montrer qui dominait. Elle devait se faire passer pour une femme respectable qui savait donner une bonne correction à ses petits quand il le fallait. C'était une vicieuse prête à agir sans état d'âme et profiter de sa hiérarchie pour blesser quelques membres de sa famille.

Un trajet qui dura presque une éternité, pas le moindre arrêt pour dégourdir les membres. Voir toutes ces routes qui se serpentaient, suffisait pour provoquer une cinétose à la petite Marie. Heureusement qu'Émy était là pour l'aider à déverser tous ses jets dans un sachet. Maintenant que sa mère avait d'autres préoccupations, par conséquent, elle s'en chargeait. Jamais de pareil lieu était découvert jusqu'à présent. Apparus sous leurs yeux ébahis, de gigantesques bâtiments vilainement colorés, qui se juxtaposaient, aux fenêtres barricadées ressemblant à des pigeonniers. Ainsi se dévoilait le vrai visage de Babylone la grande. Un si joli nom pour un pareil lieu, une harmonie qui se dissociait. Ils quittèrent la belle campagne pour venir s'installer dans une métropole pourrie et bondée de gens qui circulaient, certains traversant à grandes enjambées les rues piétonnes. Quelques voitures positionnées de travers qui rendaient le passage quelque peu difficile. Leur voyage s'arrêtait dans cette ville portuaire, la ville principale de toutes transactions commerciales par voie maritime. Leur destination allait prendre fin jusqu'à leur nouvelle demeure, dans une cité complètement paumée à l'opposé de leur ancienne habitation. Ils s'engouffrèrent dans une rue ou la circulation devenait lente et pénible, profitant de ce moment pour apprécier ces quelques boutiques de prêt à porter, qui se distinguaient par leur embellissement, quelques magasins de chaussures à la mode, bordaient les routes goudronnées, des restaurants ouverts ou les intimes gourmands étaient vivement attablés avant l'heure, des boulangeries et pâtisseries garnies de bons sucreries, rendant les yeux pétillants en passant devant les vitrines, les glaces et les sorbets semblaient être bons à déguster et des vendeurs de fruits et légumes acclamaient haut et fort, la fraîcheur de leur bon produit. Rentrer au bercail sans passer devant la somptueuse église, qui émerveilla plus d'un. Un patrimoine absolu qui faisait toute la beauté de la ville, sublimant le côté ouest, joliment posée sur une estrade dans sa large robe en satin gris. Des gens participaient à quelques séances photos dans sa grande cour proprement nettoyée.

Les enfants demandaient grâce, l'arrivée se faisait prier et la fatigue s'accumulait. Rester assis, pendant tout ce temps, à la banquette arrière de la voiture, sans le moindre dégourdissement, donnait des crampes aux fesses, quelques fois descendaient jusqu'aux mollets.

— Quand est-ce qu'on arrive ? Un des garçons eut l'audace de clamer son impatience, aucune attention était portée à sa demande.

Les parents se régalaient de ce coin pourri. Apparemment les deux vautours adoraient cette ville qui semblait pour eux tout droit sortie d'une série policière, qui néanmoins, leur ressemblait, aussi grisonnante et dégoutante. Les mioches subissaient les conséquences de cette longue virée, une fatigue qui dominait venant se mélanger à de légères courbatures. Malgré tout, ils se divertissaient de ces maigres horizons, le regard se figeant sur de grands bâtiments, postés à quelques carrefours, flambant neufs, occupant un large espace donnant sur de grands parkings bondés d'automobiles. — Était-ce là le centre-ville ? Ce coin parasitaire que les rats des villes raffolaient. Rien ne semblait attirant à part les bonnes dégustations.

À l'approche d'un excès de bifurcation, les routes menaient encore vers de gigantesques blocs de béton, s'étalant jusqu'à l'horizon, une modélisation en relief qui donnait le vertige. Cette épaisse jungle semblait presque interminable. À quelques mètres de ce lieu, le chemin menant vers l'habitat apparut sous leurs yeux, redonnant vie à ces petits corps en léthargie avancée. Longtemps, ils quittèrent la grande citadelle pour s'engager en profondeur dans une ouverture qui ressemblait effectivement à une allée poussiéreuse complètement désertée. Des kilomètres de route que quiconque ne pouvait faire en une matinée à pied. Une distance qu'on donnerait à Lili à parcourir tous les matins, vu l'épaisse tournure qu'elle avait.

Un triste espace environnant, complètement dénué d'habitants, comparé à l'ancien domaine, donnait ce sentiment d'effroi glacial, était pour le moins amical. Une vue en perspective qui démontrait toute l'ampleur de la monotonie. Le regard se portait sur ce champ axial, des lignes parallèles séparant, d'un côté, les grands bâtiments vieux et ternis par le temps, de l'autre, les petites maisonnettes collées l'une à l'autre, parés au combat, attendant, dans une vision un peu burlesque, les ordres de leurs capitaines pour faire feu. Tant les poils se dressaient sur les bras au premier regard.

Aussitôt que le père gara sa voiture au coin de l'immeuble, les enfants se bousculèrent pour sortir à la hâte, entassés auparavant comme des thons en boîte, leurs visages tout en décomposition, contemplant ainsi ce sinistre environnement, leur laissant deviner comment allait être leur vie à partir de maintenant. Au fur et à mesure qu'ils inspectaient le lieu, les jambes se dégourdissaient peu à peu. Les voisins d'en face épiaient sans modestie tout ce petit monde qui débarquait sur leur terrain de jeu. Les parents attendaient le départ des livreurs avant de s'engouffrer dans l'allée, prêts à donner leur premier commandement. Un dressage militarisme convenait, avec interdiction de protester, s'activer sur les tâches imposées, avant la nuit tombée. Dans ce contexte, l'expression « pas l'temps de niaiser» était nullement adapté. Une mère qui gesticulait de tous côtés, profanant ses médisances et avec insolence se délectait à distribuer les rôles, une nouvelle aventure qui donnait froid dans le dos. Et ce nouveau-né qui attendait son lait, n'arrêtait pas de crier à plein gosier, les tympans souffraient le martyre. Il semblait jouir de cette suffisance, accentuant progressivement son vocal. Ce petit veinard avait de la chance, se faire bercer pendant que les autres travaillaient comme des bœufs à tirer quelques charrues lourdement remplies. Bien évidemment que tout l'ensemble convenait, contents d'être empaquetés dans une gigantesque boîte où tout était intégré. Un immeuble de type F8 composé de quatre chambres, les toilettes séparées, éventuellement de la salle de bain, le salon se raccordant à la salle à manger et une boîte à sardine faisant office de cuisine, le tout donnant sur du béton en garde à vue, qui semblait correspondre aux attentes des nouveaux arrivants, du moins aux parents.

La fin de la journée allait bientôt disparaître, la mère restait à son poste de commandement, veillait cruellement au travail bien fait, pendant que le pervers berçait son enfant.

— Pas d'heure pour les fainéants. Aux pas et plus vite que ça, le dîner sera servi quand vous aurez fini ! Ces quelques mots méchamment prononcés, faisaient saigner les petits cœurs blessés.

Et puis ils s'interdisaient de pleurer « *De vrais soldats restent forts jusqu'à leur délivrance.* » Maëlle était congédiée à faire des travaux forcés. Son ventre n'était pas complètement guéri, une césarienne qui lui a valu un retour à l'hosto par cette infection qui s'était déclarée. Elle a dû, pendant tout le trajet, pleurer sa chiasse, la pauvre. Des grimaces de douleur se formaient sur son visage quand elle s'asseyait. Elle était si maigrelette que ses os sortaient, avec son teint blafarde et son air fatigué, ressemblant à un demi-mort en fin de vie, appelant à l'aide pour une euthanasie. Se faire charcuter comme un cochon pour un tel trophée, n'en voulait pas la peine. Et puis, elle n'avait pas le choix, obliger de satisfaire les vices de ces diables affamés. Comment pouvait-elle rester sous silence sans dénoncer ce sadisme ? Qu'avait-elle donc si peur pour ne pas dévoiler cette monstruosité ? Qu'est-ce qui l'effrayait autant ?

Abattons sans pitié ces vermines et proclamons leurs descentes aux enfers...

Certainement, le verdict était sans appel, mais Maëlle n'osait pas. Tant de mystères qui resteront celer sous terre. Malgré la blessure et ce manque de respect envers sa personne, elle continuait quand même à apprécier sa mauvaise mère.

Cependant, à bien y réfléchir, lui offrir un autre fils après avoir perdu le premier, était-ce pour elle une façon d'être reconnaissante, peu importe la manière dont elle s'est fait engrosser.

La situation était injuste et intolérée. L'enfant de la fille ne pouvait aucunement remplacer l'enfant de la mère, même si celui-ci venait à embrasser la mort. Tout psychothérapeute ne vous dira point le contraire, à moins que, par consentement de cette dernière, peut-être qu'il y aurait eu une possibilité. Et puis toute supposition n'avait lieu d'être exprimée puisque personne ne connaissait la vérité. C'était à Maëlle de peser le pour et le contre, puisse-t-elle être la victime, un peu de volonté dans ce cœur et beaucoup de force dans cette âme si fragilisée et abusée, pour écraser cette monstrueuse obscénité, si pervertie soit-elle.

Une enfance épanouissante, dix-sept ans à peine, faisant un petit pas vers ce monde d'adulte, forcée de se soumettre à cette sexualité, sans pour autant d'en décider et jusqu'à en devenir une jeune mère en refusant ce bébé, qu'elle a longuement porté. Toute la perversion était ancrée dans cette phase, entre cette tyrannie absolue et ce dégoût profond de se sentir utiliser et difficilement l'accepter, maintenant le mal était fait.

Il était bien regrettable qu'elle n'arrivât pas à lever le voile, personne ne pouvait nullement l'aider dans ce cas. Apparemment, elle concédait à ce vice, accepter de se faire tripoter comme une dévergondée. Tout bien considéré, ce corps restera froissé, soyez-en sûr et peut-être à tout jamais.

Pour les deux autres, il était certain que leur malheur continuait, se faire réduire jusqu'à la servitude, en esclavage et sans limite. Les garçons en accélération de croissance, une puberté qui demandait à être assouvie, libres à eux de faire ce qu'ils voulaient de leur manche à balai.

— Tout est sous contrôle, disaient-ils. Ils étaient aussi dépravés que leurs semblables malfamés.

— Lâchons les coqs dans la bassecour, les poules n'auront qu'à bien se tenir et les mères, que leurs larmes pour déverser ! Telle était la moquerie dans toute sa splendeur parsemée d'un humour sarcastique.

Le vice était bien implanté, des corps en ébullition qui demandaient à être refroidis par des actes incontrôlés. On aurait dit des forces maléfiques qui prenaient les rênes et se chargeaient de leurs directions en les manipulant comme des marionnettes. Auparavant, dit-on, que la précédente famille qui siégeait, faisait tous les ans, des sorcelleries indécentes dans cette maison et des adorateurs de cette secte venaient y participer. Une pratique occulte donnant lieu à une cérémonie malsaine qui consistait, après quelques rites endiablés jusqu'à une contorsion exagérée, à déposer devant une petite chapelle, une coupelle remplie de sang et quelques offrandes spécifiques pour nourrir leurs morts. Ainsi ils bénéficiaient d'un bon retour, pour avoir tous les jours, un portefeuille bien rempli et une longue vie. Ne dit-on pas que, si la cérémonie était bâclée, les mauvaises âmes, qui restaient enfermées, pouvaient se déchainer sur les hôtes qui emménageaient. En tout cas, les gens, aux alentours, craignaient ce procédé qui semblait être néfaste. Apparemment, ils en savaient long sur le sujet et qui faisait véritablement son effet. En tout cas, à cet instant, l'habitat était gorgé d'occupants aux esprits faibles que les mauvaises âmes pouvaient s'emparer aisément.

Rien ne permettait d'affirmer avec certitude, à quelle niveau cette perversité atteindrait son summum. Quoi qu'il en soit, les petites semblaient être protéger par une sorte d'ange cosmique, qui veillait sur elles du haut de son panthéon, l'inceste semblait les éviter pour l'instant. Malgré tout, chaque jour qui passait, elles enduraient, tout de même, de mauvais traitements de la part de leur maternelle. Un carreau qui cassait, aussitôt les coups pleuvaient férocement. On dit souvent : « *un verre qui se brise, un autre le remplace.* »

Mais cette fois le verre était utilisée comme projectile. Assurément, que la mère attendait la moindre maladresse pour s'exercer sur ses petites. Heureusement que les marches de l'escalier servaient de barricade, qu'elles enjambaient à un record de vitesse mondial, jusqu'à se réfugier dans leur modeste chambre, sinon, l'une d'elle avait le talon tranché. De plus, si elle ratait son lancer, elle montait lourdement l'étage, empoignant fortement une grosse ceinture, qu'elle enroulait autour de sa grosse main, et frappait avec la boucle en continu, jusqu'à faire saigner leurs fines enveloppes. Des décharges qu'elle portait à la tête, sur les bras, sur les jambes, profitant que les enfants se pliaient sous les coups, essayant de se protéger, au mieux, tout en pleurs en pissant dans leurs frocs, leurs petits corps endoloris avec leurs bras fluets, suppliant, par pitié, d'arrêter cette sauvagerie. Les ainés adoraient le spectacle et acclamaient leurs contentements par des applaudissements, augmentant la férocité de leur mère.

Et puis, elle se rassasiait et partait en sueur en injuriant toutes sortes de vilains mots. Les petites restaient punies, jusqu'à une sentence levée, qui pouvait durer jusqu'au lendemain, sans boire ni manger.

Un triste lendemain, les obligeait à aller à l'école avec leurs haillons, portant vaillamment leurs gravures indélébiles bien distinctes sur l'avant-bras. De larges ecchymoses qui gardaient leurs aspects boursouflés, qu'elles essayaient vainement de cacher, de peur que les autres se moquaient. Chaque soir, après les cours, elles étaient contraintes de se soumettre, comme des domestiques, aux travaux forcés, aboutissant à une heure très tardive dans la soirée, s'étalant jusqu'à vingt-deux heures, le temps de se ressourcer avec le peu de nourriture qui restait et prêtes à faire difficilement leurs devoirs pour le lendemain. Ces mauvaises actions se définissaient toujours au sens propre. Point de sens figuré pour dire seulement qu'elle menaçait mais bien au contraire. Quelquefois, ses excès de folie dépassaient les limites. Et puis quand elle revenait sur terre, elle reprenait le contrôle de son esprit, arrêtait soudainement cette brutalité accrue comme si un corps étranger la maniait pendant ce laps de temps. Pour ainsi dire, elle leur mettait le couteau sous la gorge si elles n'arrivaient pas à couper une viande, ou à décarcasser un poulet ou tout simplement à cuisiner. Pour si peu, elle était prête à tout. Cette violence qu'elle absorbait tous les jours, la transformait véritablement en un monstre tout droit sorti de l'enfer.

Mais enfin, quand le père rentrait du travail, elle se calmait. Elle faisait sa petite coquine, les filles l'entendaient glousser du haut de leur chaumière, comme une pintade, attendant sa petite tétine. Une grognasse salope et dépravée, voilà comment on pouvait l'identifier, par ces mots qui la définissaient amplement.

Les enfants grandissaient et ainsi venait s'ajouter à leurs âges, une année de plus. Certains finissaient leur période de catéchisme, d'autres, restaient assis sur le banc à écouter l'histoire du petit Jésus. Les frères dominaient parce que leur mère les préférait. Ils se trouvaient toujours au bon moment, au bon endroit en faisant leurs zigotos, pour mettre en pratique cette souveraineté qui les a été octroyée. Bien entendu, la mère savourait cette victoire si indignement gagnée. Ils étaient inscrits dans une école de foot et tous les soirs quand ils rentraient, la puanteur qui se dégageait, passait dans les narines, donnant des plaies au cerveau. L'envie de vomir y était et c'est à ça qu'on reconnaissait un homme, un vrai, dit-on. Ainsi, ils étaient servis comme des rois, leurs grandes assiettes en porcelaine étaient garnies au point de déborder. Leur mère les empiffrait comme des gros dindons :

— Prenez donc des forces, mes fils, demain c'est le jour de la victoire et vous y parviendrez.

Même si le football l'irritait et que le match était perdu d'avance, elle faisait semblant d'apporter sa contribution, c'était ses fils après tout, qu'elle y tenait comme la prunelle de ses yeux.

Leur impertinence audacieuse continuait à faire déborder l'assiette creuse, exposant les filles au soleil, postées au lavoir, devant une grande bassine remplie de linges sales, les pieds trempés dans cette eau savonneuse, tenant une brosse à la main. Elles frottaient jusqu'à rendre scintillants tous ces vêtements, et qui plus est, sentaient mauvais, forcées de s'exhiber à la vue des passants et des voisins qui guettaient comme des chameaux, avec leur mine renfrognée qui pouvait faire peur à un nouveau-né. Si les filles avaient leurs mots à dire, ces quelques phrases sortiraient de leurs bouches, en tout cas l'une d'elle l'aurait fait :

— Voyez-vous mère, le temps est révolu et que la misère d'antan n'existe plus. Plein de nouveautés arrivent en grande quantité sur le marché, pourquoi nous soumettre à de telles corvées. Croyez-vous, en nous faisant cette misère, cela soulagerait votre cœur ? Entendez-vous bien, le jour où je deviendrai mère, je ne serais point comme vous.

Dommage, la réalité était tout autre chose, ce qui les attendait c'était surtout, un grand coup de pied au derrière, va cirer mon parquet petite souillonne et puis, t'auras peut-être, la permission d'ouvrir ton clapet.

Elle interdisait ses filles d'avoir des amies, mais à la grande occasion, elle ne se gênait pas pour inviter des gens de sa famille, des cousins et cousines apparentés au sixième degré, trimballant avec eux leur attirail, une ribambelle d'enfants considérés comme des nièces et neveux. Elle profita ainsi de la généreuse somme que l'État lui versait, pour mettre sur sa table des repas copieux et coûteux pour des invités qui n'avaient rien à faire de sa personne. Car tout l'intérêt était de savoir dans quel engrenage elle vivait, sachant que certains étaient des mauvaises langues, la critique était déjà faite. Des gens qui pensaient qu'à se goinfrer et s'en aller avec le bide bien rempli et puis va voir ailleurs si j'y suis. Comment pouvait-elle croire que ces gens l'appréciaient. Elle se donnait en spectacle devant ses hôtes, racontant toutes sortes de bêtises, personne ne suivait mais, acquiesçait quand même, d'un mouvement de tête pour un semblant de compréhension. Ses deux dernières filles n'étaient pas autorisées à s'asseoir parmi ses invités. Elle les plaçait de l'autre côté, dans une autre pièce, sur une petite table, dégustant gentiment leur repas. Maëlle et les garçons étaient plus âgés, pouvaient s'intégrer à cette petite assemblée, profitant de ce plaisir en famille à rigoler et s'esclaffer aux moindres conneries énumérées. Les invités se satisfaisaient et s'en allaient très tard dans la soirée, ajustant leur sourire moqueur comme pour dire, va te faire voir vieille bique.

Le père était absent, se réconciliant malheureusement avec sa vieille maman, s'éloigna ainsi de son habitat pour faire le point sur une situation difficile à gérer. Il pouvait rester une, deux, voire trois semaines sans se montrer. Assurément, un abandon de domicile était noté sur son carnet. Des disputes, il n'en pouvait plus, cela suffisait. Liliane prenait parti pour son deuxième fils ainé dont l'affinité ne concordait pas avec le beau-père. Elle refusa ainsi tout propos avec son homme, de peur que ce fils se retournerait contre elle. Son garçon pouvait lui porter préjudice si l'histoire se révélait. Entre temps, elle interdisait Maëlle de l'ouvrir lui promettant ainsi monts et merveilles. L'idiote qu'elle était, de croire à de pareils mensonges. — La grande copine à maman, c'est moi ! Des fourberies, elle en avait dans son sac et ne se privait aucunement à les utiliser à bon escient, juste pour sauver son énorme arrière-train. Combien de temps, allait-elle continuer ? Va-t-elle finir par se fatiguer et lâcher prise ? Maintenant que le temps jouait contre elle, la garce qu'elle était, avait en elle un soupçon d'angoisse. Croyant que rien ne pouvait l'arrêter, le diable était apparemment à ses trousses.

Les quelques merveilleux souvenirs semblaient refaire surface. Marie repensait aux bons moments passés en compagnie de son défunt dada Simon. Les coups faisaient si mal qu'elle s'interdisait de prononcer son prénom, se rappelant ainsi de cette mésaventure lointaine qui l'avait vraiment secoué. Pendant ce temps, Émy dormait comme un sabot, la bouche à moitié ouverte, profitant ainsi de l'absence de sa furax mère. Quand elle ronflait, sa gorge émettait un bruit pareillement à un pot d'échappement. De l'amusement, elles en avaient très peu. Alors pour tuer le temps, avant que le yéti refît surface, Marie s'amusait à découper des images dans ces vieux magazines, qu'elle récupérait furtivement dans la poubelle et les cachait gentiment dans une petite boîte en carton, à l'abri du mauvais œil. Bien évidemment, Émy n'était pas si teubée pour aller la dénoncer, elle haïssait terriblement sa mère, pourquoi donnerait-elle sa petite sœur en sacrifice. En même temps, les pétarades de coups qu'elles recevaient et les mauvais quarts d'heure qu'elles passaient dans les mains de cette bouffonne dégoutante, les suffisaient. La vie ne leur laissait pas le choix, du vol à l'étalage elles en faisaient et tant pis pour le crétin qui laissait sa boutique sans surveillance. Des petites voleuses trop fûtées pour que ce bourriquet de commerçant s'aperçoive de quelque chose. Et puis les petites gâteries, elles n'en avaient pas. Personne ne leur prêtait une attention particulière, leur traitant de petites souillonnes quand ils arrivaient et restaient quelques heures en plaquant sur ce siège leurs croupions mal lavés et profanaient des ragots à l'infini. Les tâches ménagères les épuisaient considérablement que leurs leçons étaient faites à l'arrache et même parfois elles en oubliaient. L'énorme quantité de devoirs à finir était ahurissant si bien que leurs cerveaux disjonctaient.

Était-elle dépassée par les événements ou elle s'en foutait complètement ?

Le comportement de Maëlle se dégradait continuellement et elle ne s'en occupait pas. Une mère tête en l'air qui laissait sa fille sortir tous les soirs, aller tous les week-ends en boîte de nuit, se trémousser comme une catin, fréquenter des hommes malsains et arrivait comme une dépravée salement amochée.

— C'est tout bonnement naturel que ma fille se comporte ainsi. Moi-même, du temps de ma jeunesse, je ne pouvais jouir de ce vagabondage alors, pourquoi empêcher ma tendre et magnifique demoiselle de se divertir. Une raison qu'on ne pouvait y croire, elle cachait ses peurs, ne montrait point ses angoisses, si sa fille la dénonçait, elle se retrouvait entre les quatre murs.

Des frères qui n'avaient que des excès de folie qui demandaient un bon séjour en hôpital psychiatrique. Un jour, en allant déposé du linge propre dans l'une des chambres, bien entendu, comme à l'accoutumée, la salle de bain restait ouverte toute la journée, Marie surpris Jamil, accroupi dans la baignoire, en train de jouer avec son colosse. Celui-ci lui proposa de venir caresser son gros machin qu'il empoignait fortement dans sa main. Marie prit rapidement conscience de la situation, elle eut peur et s'enfuit en courant, descendit les marches à toute vitesse et reprit sa corvée aussitôt que ce fumier disparut de la circulation. Trop longtemps son regard ne put croiser ce dernier, le dégout qu'elle avait, lui donnait l'envie de gerber. Elle l'esquivait à chaque fois qu'il était dans son point de mire, de peur que son envie le poussait à faire une vilaine bêtise.

À qui la faute ? À leur mère bien sûr, elle autorisait ses fils, tous les jeudis soir, à regarder des obscénités à la télé sur le canal privé avec une bande d'obsédés. N'avait-elle pas honte de laisser sous son toit, de jeunes inconnus à rester si tard, deux adolescentes en pleine croissance y vivaient. Ils avaient l'occasion de profiter de la situation pour un acte délibéré, le temps qu'elle roupillait comme un loir. On dirait qu'elle le faisait exprès, manigancer toutes les vilaines choses pour faire du mal à ses petites. Ah ! L'ordure, quand viendra le jour de son enterrement, les filles applaudiront. Maintenant que le père ne couchait plus dans son lit, peut-être que la grosse cherchait un petit jeunot à se mettre sous la dent. Franchement qui aurait l'audace de caresser ce corps adipeux et lubrifiant, aussi lourd qu'un hippopotame aux stries distendues.

Ainsi, ce père malsain fut soumis à une visite très restrictive et une obligation de verser une certaine somme. Il n'avait plus le choix, sous la menace de celle-ci, que d'accepter à l'amiable cette situation inconvenante. Sinon qu'importe pour Liliane, les deux partaient en prison. L'argent l'intéressait plus que tout, dans sa vilaine tournure, elle continuait à faire du mal, mais jusqu'où ? Malencontreusement, il avait fait son petit malin le coquin, et maintenant il en payait le prix. À force de jouer avec le feu, on finit par se brûler. Maëlle pouvait dorénavant dormir sur ses deux oreilles, le loup n'était plus dans la bergerie, à guetter, à épier les moindres de ses mouvements et vouloir, à tout moment, bouffer son petit cul.

« Oh mon pote, tu te prends pour qui, hein ! Pour Henri II ou Charles III peut-être, à poser tes vilaines pattes sur une prépubère en pleine croissance. Tu crois que t'es dans une tribu Massaï et que la polygamie existe chez ta race de fils de pute. Tiens, prends ce revers dans ta sale gueule. Maintenant que ta grognasse te fait des menaces, tu te soumets à ses vilains caprices. » Un renvoi d'ascenseur qui va laisser une affreuse cicatrice.

Les filles allaient respirer à pleines poitrines, la vermine déguerpissait. On racontait qu'il avait trouvé une soi-disant petite jument, belle et bien sympathique, dans la cité cowboy. Un lieu que les bandits aimaient côtoyer, leur donnant la possibilité de fructifier leurs petits commerces de drogues. Tous les soirs, il se bichonnait avec soin et s'éclipsait avant que son absence fût remarquée. Et puis il rentrait très tard, après minuit, sans faire de bruit. Heureusement pour lui que la mère laissait la porte d'entrée sans taquet, sinon il créchait à la belle nuit. Liliane ne pouvait faire de malice à son préféré, elle se réjouissait de voir son petit coq voler de ses propres ailes et fonder une belle famille, même si elle ne supportait pas de voir cette cruche dans les bras de son fils. Ce Jérémy était aussi la cause de leur problème. Un malencontreux désaccord avec le beau-père l'amenait à les détestait. Ainsi il semait la pagaille en profanant des accusations mensongères et leur portait préjudice. La mère croyait aveuglément à ses dires et venait les écrabouiller sans savoir la vérité. Heureusement que le petit jésus les protégeait, si ce troufion était resté une année de plus il aurait fallu préparer leur cercueil. Marie aurait aimé que ce crétin de deuxième frère prenne la place de Simon, tellement il avait un cœur de démon et que du vide dans sa caboche, aussi répugnant que sa maudite maman. Comme dit l'expression : *« les deux font la paire et cumulent ensemble leurs défauts. »*

Maëlle finit par trouver un pion pour veiller sur elle, sinon l'épave qu'elle devenait était bon à jeter à la voirie. C'était un beau petit cul à la peau bronzée que la salope avait déniché, par hasard, en se promenant un soir dans le quartier, portant sur toute la largeur de son dos musclé, un aigle gigantesque d'une rarissime beauté et qu'il arborait avec fierté d'ailleurs, sous son débardeur qui mettait en valeur sa musculature impressionnante. Un beau spécimen que sa mère se régalait d'apprécier chaque jour. Comme le souligne les mots *« pute un jour pute toujours. »* Un gène fortement explicite que sa fille avait grandement hérité.

Voyant leurs ainés s'en aller, Deck et Jamil finissent par se calmer et trouvèrent enfin de quoi satisfaire leur sexualité, des chaudasses qui cherchaient des mâles bien gaulés. Maintenant que chacun avait trouvé chaussure à leur pied, l'heure n'était plus à la rigolade et il fallait montrer qu'ils étaient devenus des primates sérieux et bien équipés.

Les grands avaient quitté la maison, il ne restait plus qu'Émy, Marie et le petit Freddy. La mère pouvait grandement profiter de la situation et être encore plus vicieuse qu'auparavant. Les gens qui passaient en coup de vent n'avaient rien à faire d'eux, une des filles se gardait bien de leur dire :

— Personne ne veut nous aider, allez crever en enfer, bande de chiens que vous êtes !

Et puis quand ces tas de boue arrivaient, la présence des fillettes n'était pas considérée, aussitôt leur mère les expédiait dans leur chambre à trois sous. Elles restèrent là, recroquevillées dans cette pièce crade, en attendant leur départ pour refaire surface et continuer leur corvée. Le petit Freddy grandissait et recevait aussi sa part d'ecchymoses. Le pauvre, il ravageait juste un peu et tout suite une avalanche tombait sur lui. Il venait se réfugier dans les bras de Marie et pleurait toutes les larmes de son corps. C'était un enfant qui aimait la vie et s'émerveillait des bonnes choses qui s'offraient à lui, mais la marâtre ne comprenait pas son petit. Pourtant à sa naissance elle le choyait, l'adorait comme un fils. Cet enfant aimait jouer, comme tous ceux de son âge, à faire semblant de conduire une petite automobile, en courant comme un dératé dans toute la maison sans se soucier d'autrui. Il vrombissait si fort que les voisins d'à côté l'entendaient s'amuser. Une mère en furie qui ne put contrôler sa colère, le frappa très fort, sans aucune retenue. Ce petit corps battu semblait faiblir sous les puissants coups. À chaque fois elle adoptait la même posture et cognait sans s'arrêter jusqu'à en être épuisée. Effrayée, Marie lui porta secours et prit sur elle le reste des râclées. Cela n'avait aucune importance, les coups ne semblaient plus faire son effet tellement qu'elle en recevait. Du moment que son petit frère n'était plus assommé, elle a su le protéger. Quand bien même, cette bravoure lui coûta le double de ses corvées journalières. Les filles ne supportaient plus cette souffrance et voir leur mère refaire la même erreur sur le petit, les usaient. Il fallait s'attendre, chaque jour, à subir d'autres atrocités. Elles s'interrogeaient, se demandant pourquoi tant de colère chez leur mère qui la poussait à les frapper ainsi. Émy, cherchant désespérément à trouver une solution, dit ceci :

— Marie, penses-tu que nous pourrions sortir de cet enfer si on allait raconter notre histoire à la police. La dénoncer, l'empêcherait de continuer à nous faire du mal, qu'est-ce que tu en dis.

— Je ne sais pas, c'est trop risqué. Devons-nous y croire ? Je ne veux pas être traiter de menteuse. J'ai très peur tu sais et en plus il faut avoir beaucoup de courage pour faire cela.

— Il n'est pas trop tard, on doit agir au plus vite avant que nos blessures s'effacent. Ils vont nous croire, j'en suis sûre. Et puis ne crains rien, on surmontera cette épreuve ensemble. Émy restait confiante.

Cette voie semblait être sans issue et désespérée. La panique prit soudainement de l'ampleur que Marie s'affola :

— Ils vont nous séparer et mettre chacune dans une famille différente. J'ai très peur Émy, surtout pour le petit. Il fera comment sans nous ! L'inquiétude se lisait sur son petit visage. À force de trop réfléchir, Marie perdait tout espoir.

— Crois-moi, si nous ne réagissons pas maintenant, nous allons y passer. Et puis je préfère être séparer de vous que de continuer à recevoir des coups. Ne te tracasse pas, on se reverra, c'est certain. Émy essayant de la rassurer du mieux qu'elle pouvait en la prenant tendrement dans ses bras.

Cette vie semblait s'acharner sur elles et malgré les circonstances, tant la peur les envahissait, gardaient sereinement leurs calmes. Ce n'était pas une mince affaire mais il fallait agir au plus vite pour arrêter cette misère. Cela demandait une profonde réflexion avant de se lancer dans une telle bataille. Elles devaient absolument la gagner sinon c'était l'enfer qui les attendait. Bien sûr, elles auraient aimé que ces mauvaises pensées ne viennent pas troubler leurs esprits, que leur mère cesse de les fracasser ainsi et la vie reprendrait son cours normal.

Comment pouvaient-ils rester indifférents face à cette situation ? Des voisins qui ne se souciaient que de leur pitoyable vie sans porter secours à des enfants battus. Les gens les entendaient brailler sous les coups et personne n'osait interrompre cette boucherie. Ils se contentaient de se tenir éloigner de cette affaire et veillaient à ce que leur hypocrisie ne s'égare pas sur le sujet. Attendons leurs morts tant qu'à faire et puis ils seront bien aises de discuter comme des commères en prétextant qu'elles méritaient cette barbarie. Une mère qui préférait les châtier que de les aimer objectant ainsi des excuses toutes faites pour se déculpabiliser.

Mais il en était autrement, il leur manquait de la foi et beaucoup de courage pour dénoncer ces mauvais traitements. Pour elles, il était difficile de comprendre le pourquoi de cette cruauté, l'enfer qu'elles traversaient n'avait point de fin. Tant qu'elles ne se décidaient pas à briser la glace, elles auront du mal à prospérer dans cette vie de soumission.

Paroles de bienveillance

Pour vous les braves…

Comprenez bien que l'amour n'appelle pas à la haine et la haine peut amener à une tuerie. Ne donner point de vie si vous n'arrivez pas à consolider amour et tendresse et ne faites point le contraire si vous n'êtes pas capable de les élever dans l'allégresse. À vous d'assumer les mauvaises passes sans détruire la vie de vos chérubins. Sachez analyser, écouter, protéger et guérir les cœurs avant que tout votre petit monde ne s'effondre. Sans pour autant mettre tout l'univers dans le même panier et point de conseils à donner ni de moral à faire, comprenez que ces mômes n'ont rien demandé à part un peu d'affection et de compréhension. Ne soyez pas imbu de vous-même parce que vous avez raté votre vie, vos marmots sont là pour vous soutenir et même vous garantir un meilleur avenir.

Très peu parviennent à faire pousser une petite graine, tandis que d'autres arrivent à féconder par dizaine. Et quand vient le moment de l'extirper, la joie et le bonheur s'associent peu à peu. Vous les mères qui enfantez dans la douleur ne faites point de misère à vos bébés. Donnez-leur tout l'amour sans pour autant en abuser. Contemplez ainsi la magnificence de ce grand mystère qui restera à tout jamais et c'est par vous que la vie est donnée et que ce monde est peuplé. Alors profitez de chaque moment, de chaque instant présent, à regarder votre petit grandir et soyez combler en appréciant la vie avec un grand « *A* ».

Personne ne vous défend de trouver chaussure à votre pied, ni d'aimer passionnément votre moitié et fonder agréablement votre tendre foyer. Par pitié n'ayez point de gestes délibérés, ni de comportements abusifs que vous pourriez le regretter. Vos enfants sont la source de votre union et c'est ce qui fait votre force. Même si parfois la vie semble injuste et dure envers vous, tenez bon et ayez du courage pour continuer à avancer. Un petit coup de blues, partez, quittez un moment le foyer, mais ne prenez pas vos enfants pour des sacs à patates ni des meubles à balai. Procédez de façon cohérente et justifiée mais ne cognez point. Un lâche ne peut comprendre ce qu'un petit brave sans défense peut ressentir en l'assommant à coup de pied ou le fouetter à satiété. Certainement qu'il est plus facile de frapper plus faible que soit que d'être frappé par un plus fort, c'est là que vous verrez toute la différence et vous pourrez ainsi méditer sur cette fin.

Épilogue

Petit frère...

Un grand frère qui part, un petit qui revient,
On ne peut qu'accepter son destin,
Obligé de se soumettre à cet acte téméraire,
Que l'enfant conçu n'est pas d'un amour sincère.

Son arrivé n'était pas préparé, une moche affaire,
Ainsi, la sœur le rejetant par ce dégoût amer,
Malheureusement, pleure sur sa triste vie,
Jusqu'à la fin, elle gardera son corps meurtri.

Le beau-père qui se délecte de ses barbaries,
Semble se satisfaire de ses infamies,
La vieille mère tyrannique tire profit,
A toujours au fond de son sac des fourberies.

Gardant ainsi le contrôle sur les alentours,
Qui semble important pour ne pas être punie,
Attention que cela ne se sache pas au grand jour,
Sinon gare à vous les petits.

Deux sœurs…

Elles furent séparées, tout bonnement,
L'une, demeurant chez papa et maman,
Et l'autre, fréquentant la vieille mémère,
Le destin fit croiser leur route par la sinistre commère.

Les rassemblant en un seul et véritable lieu,
Pour la vie, elles restèrent ensemble tous les deux,
Dans cette modeste fratrie qui les attendait à bras ouvert,
Ignorant totalement que leur vie allait être presque mortuaire.

Suivant leur mauvaise destinée qui était toute tracée,
Subissant les calomnies de leur méchante mégère,
Les haïssant pour satisfaire sa médiocrité,
Que la vie a totalement rendu amère.

Faisant d'elle une monstruosité au corps si grassouillet,
Que ses pieds ne pouvaient plus porter,
Se demandant comment sortir de cet enfer,
Les petites, jusqu'à présent, ne trouvèrent pas la clef.

La belle fratrie...

Ah ! Quelle est mignonne la petite poupée !
Se camouflant sous son déguisement ornementé,
Qu'elle dévoile au grand cœur son jardin secret,
Comme une petite salope dévergondée.

Arrivant parfois sur la pointe des pieds,
Embêter les petits marmots coincés,
Rien qu'à les regarder se faire tabasser,
Les rires sortaient sans pitié.

Ah ! Quelle est chouette la coquette !
Se moquant de leurs petites têtes,
La petite blagueuse aux plaisanteries malicieuses,
Dans sa robe froissée, elle semblait heureuse.

En quête d'aventure délicieuse,
Dépucelant la petite quéquette baveuse,
Et la minette farfouillée qui savourait,
Ainsi leurs envies de batifoler étaient comblées.

La fin de l'histoire…

Tout le monde était parti pour un temps indéfini,
Il ne restait plus qu'Émy, Marie et le petit Freddy,
Attendant sagement le moment venu,
Que les coups pleuvent sans la moindre retenue.

Les coups faisaient si mal qu'elles flanchèrent,
Voir le petit se faire massacrer, elles étaient dégoutées,
Une mère qui se plaisait à les faire des misères,
Dommage qu'elles ne pussent ripostées.

Personne ne pouvait les tirer d'affaire,
Ils entendaient mais ne portaient point secours,
Ne cherchant nullement la guerre avec cette mégère,
Peut-être avaient-ils si peur de son gros corps balourd ?

À côté d'elle, Mowgli ne faisait pas le poids,
Recherchant éperdument un peu de vice,
Autant demandé à un babouin de faire ses caprices,
La vicieuse au cœur de pierre, avait-elle perdu son bon roi ?

Malgré tous les efforts qu'elles puissent faire,
À rechercher momentanément une solution,
Pour vainement sortir de cette affaire,
Les petites restèrent coincées comme des pions.

Ainsi ce termine cette fâcheuse histoire,

Tout bien considéré, la suite, ce sera pour plus tard,

Peut-être, les laisserai-je périr ou remporter la victoire,

Pour tout vous dire, ce n'est qu'un au revoir.

Citation

Un homme reste un homme après tout ...

« *Libre dans la portée de ses actes, sa perversité rend son esprit*

farfelu et croit en l'absolu de son plein pouvoir. »

Mes remerciements

Je témoigne toute ma gratitude à toutes celles et ceux qui ont su donner de leur temps pour lire cet ouvrage. Ou bien, vous ne l'avez pas lu entièrement, sachez que j'apprécie l'égard que vous portez à le feuilleter un instant, le plaisir est toujours pour moi un grand moment de satisfaction. Encore une grande reconnaissance que je dédie à vous mes « Readers ». Si vous avez aimé ce roman, d'un aspect conte et féérie, n'hésitez pas à faire passer le mot ou à en faire cadeau, cela fera de moi une auteure comblée.

Je remercie mes enfants qui m'ont incité à me mettre à l'écrit, tant de joie que je partage avec eux chaque jour. Mon euphorie reste immensément grande et les voir toujours en bonne santé me comble de bonheur.

À mes lectrices et mes lecteurs,

Mes sincères salutations.

Marie Louise.

Bibliographie

Louise, Marie, « Couleur Pourpre », sous-titre « À toute Épreuve », 2018.

www.ingramcontent.com/pod-product-compliance
Lightning Source LLC
Chambersburg PA
CBHW070041210526
45170CB00012B/560